重庆现代商贸物流与供应链协同创新中心

重庆工商大学学术专著出版基金资助
重庆工商大学"电子商务与供应链管理"重点学科团队建设资金资助
重庆工商大学项目"不对称信息下鲜活品在线销售平台合同设计"（项目编号：1955062）资金资助
重庆工商大学项目"基于政府干预的生鲜农产品电商运营策略研究"（项目编号：2151007）资金资助

在线销售系统中
平台与物流公司及生产商的决策研究

Research on Decision–making of
Platform between Logistics Company and Producer
in Online Sales System

士明军　梅远飞　等　著

中国财经出版传媒集团
经济科学出版社
Economic Science Press

·北京·

图书在版编目（CIP）数据

在线销售系统中平台与物流公司及生产商的决策研究 /
士明军等著 . -- 北京：经济科学出版社，2024. 2
ISBN 978 - 7 - 5218 - 5691 - 0

Ⅰ . ①在… Ⅱ . ①士… Ⅲ. ①网络营销 – 关系 – 物流
企业 – 决策 – 研究 ②网络营销 – 关系 – 工业企业 – 生产管
理 – 决策 – 研究 Ⅳ . ①F713. 365. 2

中国国家版本馆 CIP 数据核字（2024）第 054893 号

责任编辑：杜　鹏　武献杰　常家凤
责任校对：王肖楠
责任印制：邱　天

在线销售系统中平台与物流公司及生产商的决策研究
ZAIXIAN XIAOSHOU XITONG ZHONG PINGTAI YU WULIU GONGSI JI
SHENGCHANSHANG DE JUECE YANJIU

士明军　梅远飞　等　著
经济科学出版社出版、发行　新华书店经销
社址：北京市海淀区阜成路甲 28 号　邮编：100142
编辑部电话：010 - 88191441　发行部电话：010 - 88191522
网址：www. esp. com. cn
电子邮箱：esp_bj@ 163. com
天猫网店：经济科学出版社旗舰店
网址：http://jjkxcbs. tmall. com
固安华明印业有限公司印装
710 × 1000　16 开　9. 5 印张　160000 字
2024 年 2 月第 1 版　2024 年 2 月第 1 次印刷
ISBN 978 - 7 - 5218 - 5691 - 0　定价：76. 00 元

前　　言

　　近年来，随着移动网络的应用，在线销售取得快速的发展，改变了传统的商业运作模式。由于在线销售竞争日趋激烈，为了提供更好的服务，一些在线销售平台（以下简称平台）选择与物流公司进行合作。特别是在一些促销活动、节假日时期，市场需求会急剧增加，平台与物流公司之间的信息共享，能够有效地解决平台配送难的问题。在线销售的盛行，促进了物流企业的快速发展，缩短了配送的时间，于是一些鲜活产品生产商也选择在线销售产品。为了实现养殖业的产业结构升级和可持续发展，生产商提高产品的绿色水平，然而，生产商的绿色生产成本信息对于平台是不对称的，因此，考虑生产商绿色生产成本信息不对称时，在线销售系统成员的决策问题具有重要的现实意义。基于此，本书研究了在线销售系统中平台与物流公司、生产商的决策问题，考虑到平台销售模式的不同，分析了平台代理和自营两种模式，具体内容如下。

　　首先，研究了代理模式下平台与物流公司的决策问题。考虑了一个电商卖家（生产商或零售商）、一个平台和一个物流公司组成的在线销售系统，其中平台和物流公司是同时决策的，分析了三种不同的博弈模型，得出了相应的均衡结果。研究表明，平台与物流公司同时决策时，即使他们的服务成本不同，但是会收取相同的费用。不同的博弈结构对在线销售成员和消费者有很大的影响。对电商卖家而言，当它处于主导地位时，制定较低的零售价格，获得最多的利润，同时能够提升消费者的积极性；反之亦然。对平台和物流公司而言，当它们处于主导地位时，制定高的收费，付出较少的努力，同时会打击消费者的积极性，然而最大的主导能力并不能获得最高利润；当主导能力较低时，它们一定获得最少的利润。

其次，研究了自营模式下平台与物流公司之间预测信息共享策略问题。考虑了一个平台和一个物流公司组成的在线销售系统，两者都进行信息预测，讨论了无信息共享和信息共享两种情况，通过两种情况的比较发现信息共享的价值，同时设计了一个讨价还价机制促进成员之间的信息共享。研究表明，无论是否进行信息共享，随着退货率的提高，在线销售系统成员的利润都在减少，同时成员之间信息共享的意愿也在减弱。信息共享的价值表明，信息共享对物流公司是有利的。当物流公司的服务效率较高时，平台会自愿参与信息共享；当服务效率中等时，可以通过一个讨价还价机制促使平台信息共享；当服务效率非常低时，在线销售系统成员之间不存在信息共享。

再次，研究了自营模式下平台与生产商的合同设计问题。考虑了一个平台和一个鲜活产品生产商（以下简称生产商）组成的在线销售系统，生产商绿色生产成本信息为其私有信息，平台设计激励合同实现与生产商的合作，并揭示生产商的真实成本信息，分析了信息对称与不对称两种情况，通过最优合同以及利润的比较，得出信息的价值。研究表明，平台能通过制定不同的合同激励生产商参与合作的积极性。由于生产商有信息，并可能从不对称信息中获利，平台处于信息劣势，因此期望利润减少。当成本系数较低时，网络的外部性能够有效地遏制信息不对称性对平台的不利影响；当成本系数较高时，网络的外部性加速了信息不对称性对平台的不利影响，同时也加速了对在线销售系统的不利影响。

最后，研究了代理模式下平台与生产商的合同设计问题。考虑了一个平台和一个生产商组成的在线销售系统，生产商绿色生产成本信息为其私有信息，平台设计通过一个带有交易终止条件的两部收费合同来实现与生产商的合作，求出了最优合同以及其他均衡结果，分析了合同的性质以及不对称信息的影响。研究表明，平台能够通过设计一个两部收费合同来揭示生产商的真实绿色成本信息，激励生产商进行产品的绿色投入，同时使自己利润达到最大化。在一个特定的条件下，这个两部收费合同能够实现信息不对称下在线销售系统的协调。此外，由于在信息不对称情况下平台及在线销售系统的利润会减少，因此，当信息不对称时，在线销售系统内合作的机会减少。

本书共 7 章，其中，第 1 章由管维编写，第 2 章、第 3 章、第 4 章、第 6 章由士明军编写，第 5 章由胡晓编写，第 7 章由梅远飞编写，全书由胡晓、梅远飞、士明军通稿。由于编者水平有限，本书有欠妥和疏漏之处，恳请各位读者批评指正。

士明军

2023 年 12 月

目　录

第1章

绪　　论

1.1　研究背景与问题提出

1.1.1　研究背景

科学技术推动社会进步，改变了人们生活。随着互联网技术的发展及应用，特别是手机移动网络的快速推广，越来越多的消费者愿意选择网上购物（Sehgal et al.，2014；Abhishek V et al.，2016）。为了满足人们购物的需求，一些在线销售网站，如亚马逊（Amazon）、易贝（eBay）、淘宝、京东等，已经在在线交易中获得了成功（Dou et al.，2016）。所谓在线销售也即是在线营销（或者网络营销），是指企业以电子信息技术为基础，以计算机网络为媒介和手段而进行的各种营销活动的总称。电子商务就是一种在线销售。营销人员可以通过在因特网上创建一个电子站点来进行在线销售，参与论坛、布告栏、留言板和网络社区的讨论等，也可以通过网络投放广告等。

国家统计局监测数据显示（见图1.1），截至2022年底，全国电子商务交易额达到了43.83万亿元，较2015年翻了一倍。目前，中国是全球规模最大、最具活力的电子商务市场，其中，B2C销售额和消费者人数均排名全球第一位①。

---

① 国家统计局. 中华人民共和国2022年国民经济和社会发展统计公报［EB/OL］.［2023 - 02 - 28］. http：//www. stats. gov. cn/sj/zxfb/202302/t20230228_1919011. html.

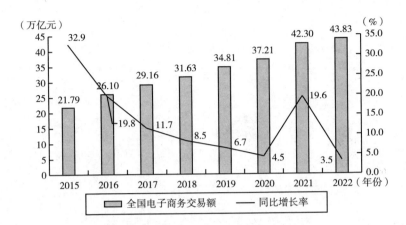

图 1.1　2015～2022 年全国电子商务交易额

资料来源：国家统计局。

　　另国家统计局发布数据显示（见图 1.2），2015 年中国网上零售额仅为 3.88 万亿元，到了 2022 年，国内网上零售额达 13.79 万亿元，虽然增长趋势有所放缓，但均保持增长态势，完成了《"十四五"电子商务发展规划》中所制定的 2025 年网络零售总额预期目标 17 万亿元的 81.1%，从目前的形势看，有望提前完成"十四五"的目标。截至 2022 年 12 月，我国网络购物用户规模

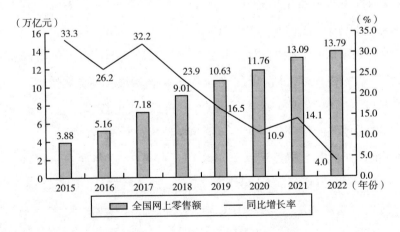

图 1.2　2015～2022 年全国网上零售额

资料来源：国家统计局。

达到 8.45 亿，占网民总体的 79.2%，这说明经过近些年发展，我国网络购物市场的消费者的规模进一步壮大①。

从商品品类来看（见表 1.1），网络零售额排名前三的分别是服装鞋帽针纺织品、日用品、家用电器和音像器材，分别占实物商品网络零售额的 22.62%、14.62%、10.34%。中西药品、金银珠宝、烟酒实现较快增长，同比增速均超过了 19.0%②。

表 1.1　　2022 年全国网络零售市场各品类零售额占比及同比增速

商品品类	网络零售额占比（%）	网络零售额同比增长（%）
服装鞋帽、针纺织品	22.62	2.60
日用品	14.62	3.30
家用电器和音像器材	10.34	7.70
通信器材	7.45	7.40
粮油、食品	7.32	15.60
化妆品	6.41	6.40
文化办公用品	6.34	10.40
家具	5.33	−2.50
体育、娱乐用品	3.65	10.80
其他商品	2.98	8.50
五金、电料	2.65	7.60
金银珠宝	2.25	27.30
建筑及装潢材料	1.99	16.40
汽车	1.51	−6.60
饮料	1.26	14.30
中西药品	1.23	43.60

---

① 国家统计局. 中华人民共和国 2022 年国民经济和社会发展统计公报 [EB/OL]. [2023 – 02 – 28]. http：//www. stats. gov. cn/sj/zxfb/202302/t20230228_1919011. html.

② 商务部. 中国电子商务报告 2022 [EB/OL]. [2023 – 06 – 09]. http：//dzsws. mofcom. gov. cn/article/ztxx/ndbg/202306/20230603415404. shtml.

续表

商品品类	网络零售额占比（%）	网络零售额同比增长（%）
书报杂志	1.02	4.30
烟酒	1.00	19.10
电子出版物及音像制品	0.03	− 2.40

资料来源：中华人民共和国商务部。

从分布区域来看（见图 1.3），受经济发展以及交通状况的影响，东部发达地区占有绝大部分比重，占比为 83.92%，同比增长为 3.8%；中部地区占比为 8.87%，同比增长为 8.7%；西部地区占比为 5.73%，同比增长 3.0%；东北地区占比 1.48%，同比增长为 13.2%。由于在线销售的快速增长，因此，有必要对在线销售进行一些深入的研究①。

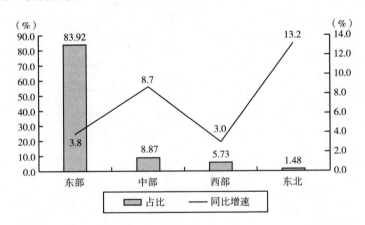

图 1.3 2022 年全国各区域网络零售市场占比及同比增速

资料来源：商务大数据。

1.1.2 问题提出

随着在线销售的快速发展，市场上出现了多种在线销售的模式。像易贝、

---

① 商务部. 中国电子商务报告 2022 ［EB/OL］.［2023 – 06 – 09］. http：//dzsws. mofcom. gov. cn/article/ztxx/ndbg/202306/20230603415404. shtml.

淘宝等在线平台，主要是提供一个在线销售平台或者市场，供应商入驻平台成为商家，决定商品的零售价格，并向平台支付一定的固定费用和单位提成，称为代理模式。像唯品会、顺丰优选等在线平台，主要是从供应商那里以批发价购买产品，然后以零售价通过自有平台卖给消费者，称为自营模式或者转售模式（Lin et al.，2018；桂云苗等，2018）。像京东和亚马逊，起初都是以自营为主，现在逐渐地对外开放，允许其他卖家入驻平台，并收取固定费用和单位提成，称为混合模式。与此同时，一些学者也对在线销售的模式进行了研究，如阿布舍科等（Abhishek et al.，2016）、卢等（Lu et al.，2018）、克瓦克等（Kwark et al.，2017）、李晓静等（2017）研究了平台代理（如淘宝）和平台自营（如京东等）两种模式，而林等（Lin et al.，2018）、桂云苗等（2018）研究了平台代理、平台自营以及混合（如亚马逊等）三种模式。本书主要考虑平台代理、自营两种情况。

在线销售的盛行，促进了物流企业的快速发展（见图1.4）。国家邮政统计数据显示，2022年，全国快递业务量完成1105.8亿件，同比增长2.1%，快递业务收入累计完成10566.7亿元，同比增长2.3%。其中，同城、异地、

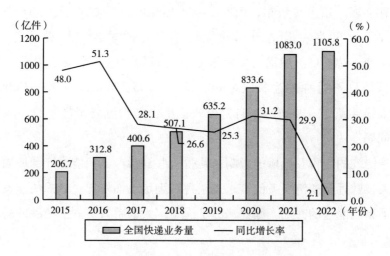

图1.4　2015～2022年全国快递业务量

资料来源：国家邮政局。

国际/港澳台快递业务量分别占快递业务量的 11.6% 、86.6% 和 1.8% ；东、中、西部地区快递业务量比重分别为 76.8% 、15.7% 和 7.5%[①]。

平台和快递行业快速发展的同时伴随着竞争的日趋激烈。为了提供更好的在线服务和便捷的配送，一些平台选择与第三方物流公司进行合作（如易贝与邮政，阿里巴巴与"三通一达"、顺丰，慧聪网与德邦，拼多多与天天等）。由于能够同时提供平台和物流，为电商卖家解决配送问题，因此，平台和物流在与电商卖家谈判时的市场地位会得到提升。相反，例如一些大型零售卖家入驻小的平台，在与平台进行谈判时，就拥有一定主动权。比如在微软和英特尔公司中，制造商处于主导地位，在沃尔玛和特斯科公司中，零售商占据主导地位（Ertek et al. ，2002）。基于此背景，本书第 3 章研究了代理模式下平台与物流公司的决策问题，考虑了三种不同的博弈结构，分析了博弈结构对在线销售成员的影响。

由于市场需求信息具有不确定性，因此，平台和物流公司之间的信息交流是很有必要的。一些文献研究了供应链中需求信息预测问题（Li，2002；Shang et al. ，2016）。由于平台更接近于市场和消费者，同时积累了大量的销售信息、客户信息等数据，因此会获得更多的市场需求信息，于是在线销售系统成员之间存在着需求预测信息不对称的现象（罗春林等，2017；Schaer et al. ，2019）。然而，供应链成员之间的信息共享被认为是一种有效解决需求信息不对称的途径（Yue et al. ，2006；Mishra et al. ，2009）。因此，本书第 4 章进一步研究了自营模式下平台与物流公司之间的预测信息共享策略问题。

由于传统的销售及地域的限制，使得一些鲜活产品只能在产源地周边进行销售，大多数远距离消费者的需求无法得到满足。而快递企业的快速发展，大大缩短了物流配送的时间，因此，为了满足广大消费者对鲜活产品的需求，一

---

① 国家邮政局. 国家邮政局公布 2022 年邮政行业运行情况［EB/OL］. ［2023 – 01 – 18］. ht-tps：//www. spb. gov. cn/gjyzj/c100015/c100016/202301/c910dd57e739490ea60bda58174ef826. shtml.

些平台开始在线销售鲜活产品（如大闸蟹等）。与此同时，一些鲜活产品生产商（如养殖户）也会通过平台销售产品，这使得人们足不出户就能购买到原生态的产品。随着在线消费逐渐进入低龄和高龄人群的生活视野，生鲜电商的目标用户群也在不断地扩大。

为了更好地实现经济的可持续发展，适应国家经济发展的趋势，促进产业升级、经济结构的调整，国家致力于供给侧结构性改革。为了贯彻中央的精神，一些生产商通过提高鲜活品的原生态性、绿色水平来提高产品的质量，进而提高了产品的销售量，增加了自身的收入（Cai et al.，2010；浦徐进等，2015；王磊和但斌，2015）。经济合作与发展组织指出，在经合组织国家中，27%的消费者是绿色消费者，他们有强烈环保意识并且愿意为绿色产品买单（OECD，2002）。基于 1996～2012 年近 80 份已经发表的实证研究的回归分析，塔利和维纳（Tully and Winer，2014）指出，60% 以上的调查者愿意为了绿色产品支付 16.8% 的溢价。生活水平的提高，促使人们对鲜活产品的需求在不断地增加，同时，生活水平的提高也促使消费者绿色产品的偏好提升（Liu et al.，2012；但斌等，2012）。

基于此，本书的第 5 章和第 6 章以鲜活产品的在线销售为背景，考虑了一个由平台和鲜活产品生产商构成的在线销售系统，分别研究了自营模式下平台与生产商的合同设计、代理模式下平台与生产商的合同设计。不管平台以何种形式与生产商进行合作，在生产商提高产品的绿色水平时，都会面临生产商绿色生产成本信息不对称的情况。当平台选择自营时，假设生产商绿色生产成本信息只有高、低两种类型，自营平台通过制定不同的合同激励生产商参与绿色生产的积极性，并揭示生产商的真实成本信息；当平台选择产品代理时，假设生产商绿色生产成本信息为更普遍的情况，在一个闭区间内变动，平台通过设计一个带有终止条件的两部收费策略来揭示生产商的真实绿色成本信息，激励生产商进行产品的绿色投入，同时使自己利润达到最大化。

1.2 研究目的及意义

1.2.1 研究目的

在线销售的迅速发展使得在线销售的竞争日趋激烈，为了提供更好的在线服务和便捷的配送，一些平台与第三方物流公司进行合作。因此，本书第3章研究了在线销售系统中代理模式下平台与物流公司的决策问题，考虑了物流——平台主导、电商主导以及纳什（Nash）博弈三种不同的博弈模型，旨在分析博弈结构对在线销售系统成员的影响。

由于市场需求信息具有不确定性，特别是像近些年许多平台搞的一些促销活动，如天猫"双十一"、京东"618"等，还有一些节假日期间，如中秋、春节等，市场需求会急剧增加，进而造成了物流配送难的问题。特别是早期实施促销活动时，甚至出现了物流瘫痪的现象。针对这种情况，平台和物流公司之间的信息交流是很有必要的。由于平台更接近于市场、接近于消费者，同时积累了大量的销售信息、客户信息等数据，因此会获得更多的市场需求信息。基于此，本书第4章进一步研究了自营模式下平台与物流公司之间预测信息共享策略问题，考虑了无信息共享与信息共享两种情况，旨在分析信息对在线销售系统成员的影响，同时还通过一个纳什讨价还价机制促进在线销售系统成员之间的信息共享。

在线销售的发展促进了物流企业的快速发展，大大缩短了物流配送的时间，一些平台开始在线销售鲜活产品，同时，一些生产商为了扩大销量，也会通过平台销售其养殖的产品。因此，本书接着研究了平台与生产商的决策问题。由于生活水平的提高，人们对产品的原生态性、绿色性要求不断地提升，生产商可以通过提高产品的绿色水平从而达到提高销售量的目的。然而，对于平台来说，生产商的成本信息是其私有信息，不易被取得。基于此，本书考虑了绿色生产成本信息不对称时平台与生产商的合同设计问题。平台可以选择代理或者批发生产商的产品，通过设计合同来激励生产商增加产品的绿色水平，并揭示生产商的真实成本信息，同时使自己的利润达到最大化。在自营模式下，平台通过批发价购买生产商的产品，通过自有平台以零售价格销售，考虑了生产商的绿色生产成本信息有高、低两种类型，目的是分析网络外部性、消费者绿色敏感性、产品的死亡率、信息不对称性对在线销售系统成员的影响以及信息的价值。稍后又研究了代理模式，生产商通过平台销售产品，平台收取一定的入驻费用和单位交易费用，考虑了生产商的绿色生产成本信息在一个区间内变动的情况，目的是分析消费者绿色敏感性、产品的死亡率、不对称信息对在线销售系统成员的影响以及信息的价值。

1.2.2　研究意义

本书以易贝与邮政、慧聪网与德邦、拼多多与天天等为对象，考虑了代理模式下平台与物流公司的决策；以当当与邮政、网易考拉与顺丰为例，考虑了自营模式下平台与物流公司预测信息的共享；以京东生鲜、顺丰优选等平台与鲜活产品生产商合作为例，考虑了自营模式下平台与生产商的合同设计；以拼多多、阿里巴巴等平台与鲜活产品生产商合作为例，考虑了代理模式下平台与生产商的合同设计。本书的研究以现实背景为依托，考虑了生活中的实际情况，因此具有很强的实践意义。

本书对在线销售系统中代理模式下平台与物流公司的决策问题、自营模式下平台与物流公司预测信息共享策略、自营模式下平台与生产商的合同设计、代理模式下平台与生产商合同设计问题的研究具有很强的理论意义。在当今时代的发展趋势下，在线购物已经成为人们不可或缺的一种购物方式，在线销售也在迅速发展、壮大，越来越多的学者将研究的重心向在线销售偏移，重点研究了在线销售过程中的定价机制（Subodha et al.，2009；Chen et al.，2012；Mantin et al.，2015；余牛等，2016），渠道选择（Chiang et al.，2003；Kurata et al.，2007；Ryan et al.，2012）以及销售模式（Abhishek et al.，2016；Lin et al.，2018；桂云苗等，2018；李晓静等，2017）。这类文献大多考虑的都是平台与在线卖家之间的合作或博弈，而且主要以信息对称为主。也有少量学者研究了信息不对称的情况，如克瓦克等（Kwark et al.，2014）、张旭梅等（2018），很少有学者考虑了在线销售过程中物流公司的重要性，特别是当市场需求不确定时，物流公司和平台的信息共享问题也是很重要的。另外，对于鲜活产品的研究主要集中在信息对称的情况，如王磊和但斌（2015）、李鋆睿（2018）；一些学者还考虑了固定成本信息不对称的情况，如但斌等（2013）、吴忠和等（2015），很少有学者考虑绿色成本信息不对称时平台与生产商的合同设计问题。本书对在线销售系统中平台与物流、生产商的合同设计研究，不仅可以充实现有在线销售的研究内容，同时可以丰富在线销售的研究理论，因此，具有重要的研究价值。

1.3　主要研究内容

本书的研究框架如图 1.5 所示，研究内容主要分为两大部分，第一部分主要是第 3 章和第 4 章，主要侧重于平台与物流公司的决策。其中，第 3 章研究了在线销售系统中代理模式下平台与物流公司的决策问题，考虑了三种不同的博弈模型，分析了不同博弈结构对在线销售成员决策以及利润的影响；第 4 章研究了自营模式下平台与物流公司预测信息共享策略问题，考虑了无信息共享与信息共享两种情况，分析了信息共享对在线销售系统成员的影响。第二部分主要是第 5 章和第 6 章，考虑了生产商绿色生产成本信息不对称的情况，研究了平台与生产商的合同设计问题。其中，第 5 章研究了自营模式下平台与生产商的合同设计问题，考虑生产商绿色生产成本信息为高、低两种类型时，平台在采购产品的过程中如何设计合同与生产商的合作，并实现对生产商绿色成本信息的甄别；第 6 章研究了代理模式下平台与生产商的合同设计问题，当生产商绿色生产成本信息在一个区间变动时，考虑了平台通过设计带有交易终止条件的两部收费策略来实现与生产商的合作，并对生产商进行成本信息的甄别，同时使自己获得的利润达到最大化。

本书的研究内容总共有 7 章，以下是具体研究内容。

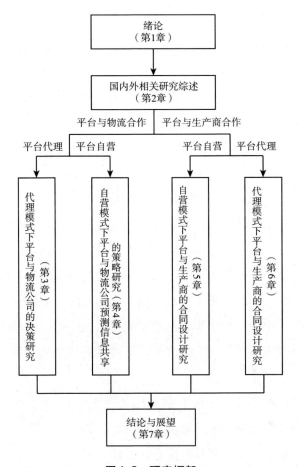

图 1.5 研究框架

第 1 章，绪论。介绍了本书的研究背景，提出所要研究的问题，说明了研究的思路及研究意义，阐述了具体研究内容、框架及研究的方法，指出了本书的创新之处和贡献。

第 2 章，综述了与本书研究相关的文献。包括一些传统供应链中博弈结构、需求预测信息共享、成本信息不对称的研究，以及信息对称与不对称下在线销售的研究。

第 3 章，以易贝与邮政、慧聪网与德邦、拼多多与天天等这样的平台与物流合作为对象，考虑了一个由电商卖家（生产商或零售商）、平台和物流公司组成的在线销售系统，研究了平台与物流公司的决策问题，分析了三种不同的分散决策博弈模型：物流—平台主导模型、电商主导模型、纳什博弈模型。通过对三种模型下的均衡解和最优利润的比较，分析了博弈结构对在线销售成员决策以及利润的影响。最后，通过一些主要参数的敏感性分析表明，消费者在线购物需求的增加以及消费者对服务的敏感性增强对在线销售系统的发展是有利的。

第4章，在自营模式下，平台（如当当等）与物流公司（如邮政、顺丰等）组成的在线销售系统中，由于平台更接近于市场，同时积累了大量的销售信息、客户信息等数据，因此会获得更多的市场需求信息，于是平台对于物流公司就会有一个策略性的预测信息分享问题。基于此，本章研究了自营模式下平台与物流公司的信息共享策略问题，主要考虑了无信息共享和信息共享两种情况，分别求出了两种情况下平台和物流公司的最优决策和期望利润，分析了需求预测信息的精确度和相关性对在线销售系统成员的影响，通过两种情况下最优期望利润的比较，得出了信息共享的价值。此外，本章还通过一个纳什讨价还价机制对在线销售系统进行协调，进而促进在线销售系统成员之间的信息共享。

第5章，在自营模式下，由平台（比如京东生鲜、顺丰优选等）与生产商组成的在线销售系统中，生产商可以增加产品的绿色水平来吸引更多的消费者，而绿色生产成本信息是其私有信息，因此，当平台在采购产品时，其与生产商之间存在着成本信息不对称，平台采取何种合同来激励生产商进行绿色生产并揭示其真实的绿色生产成本信息是本章研究的主要内容。考虑了信息对称和信息不对称两种情况，利用委托代理理论求得两种情况下的最优合同，通过最优合同以及利润的比较得出信息的价值。同时，分析了合同的有效性、网络外部性、消费者绿色敏感性对最优决策的影响，信息的不对称性对最优合同以及在线销售系统成员利润的影响。

第6章，在代理模式下，由平台（如拼多多、阿里巴巴等）与生产商组成的在线销售系统中，由于生产商绿色生产成本信息是其私有信息，因此，平台采取何种合同来揭示生产商的绿色成本信息以及对生产商进行绿色生产激励，同时达到自身利益最大化是本章的主要研究内容。本章主要考察了两部收费策略，即生产商在平台上销售产品的过程中，平台在收取一定的单位费用的同时，还向生产商收取一个固定的转移支付（如入驻费用等）。本章主要利用最优控制理论和显示原理，求出信息对称和信息不对称两种情况下两部收费策略的最优形式以及相应的均衡结果，同时给出了平台的交易终止点，并通过比较得出信息的价值。本章分析了不对称信息对最优合同以及其他均衡结果的影响，以及消费者对产品绿色水平的敏感性、产品的死亡率对最优均衡的影响。

第7章阐述了本书的主要研究结论，并对下一步的研究进行了展望。

1.4 研究方法与技术路线

1.4.1 研究方法

本书具体研究过程涉及供应链管理、运筹学以及博弈论等学科的相关知识，主要采用了最优化方法（optimal method）、委托代理理论（principal-agent theory）以及最优控制理论（optimal control theory）等方法。由于所研究内容中的参与者有先后顺序之分，因此，整体上都采用了逆向归纳法进行求解。第3章、第4章主要考虑平台与物流公司的决策问题。其中，第3章研究了代理模式下平台与物流公司的决策问题，主要采用斯坦伯格（Stackelberg）博弈、纳什博弈等基本的博弈论方法。第4章主要是解决自营模式下平台与物流公司之间预测信息共享问题，因此，这一章主要运用的是不完全信息下的动态博弈模型，通过求解其贝叶斯均衡得到相应的均衡结果。另外，为了促进在线销售系统成员之间的信息共享，本章还设计了一个纳什讨价还价机制对在线销售系统进行协调。第5章、第6章主要是以鲜活品为背景，考虑平台与生产商的合同设计（contract design）问题，研究了生产商绿色生产成本信息不对称时，自营与代理模式下平台与生产商的合同设计问题，主要采用信息甄别技术，运用显示原理将所研究的问题转化为一个最优化问题，最后通过委托代理理论、最优控制理论进行求解。

1.4.2　技术路线

本书的技术路线按照"文献梳理—数学建模—均衡分析—政策建议"的方式展开。首先，介绍了传统供应链及在线销售中博弈结构、需求预测信息共享及成本信息不对称等相关研究。由于手机移动网络的应用，在线销售快速发展，本书分别以易贝、网易考拉、京东生鲜、拼多多、阿里巴巴等平台为例，考虑了在线销售中平台与物流公司、平台与生产商的决策问题，在此基础上建立数学模型，并对模型进行求解，通过数值仿真分析其结果，给出相应的管理意义。其次，归纳总结本书第 3 章～第 6 章所得出的结论，同时给出进一步研究的问题。具体的研究技术路线如图 1.6 所示。

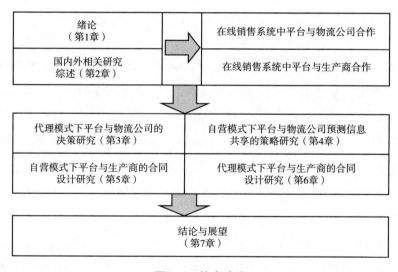

图 1.6　技术路线

1.5　主要创新

随着在线销售的快速发展，有关平台的研究也越来越热。大多数学者关于在线销售的研究主要集中在卖家和平台两者之间的博弈与合作，很少有学者考虑了平台与物流公司的决策问题，以及绿色生产成本信息不对称时平台与生产商的决策问题。基于此，本书考虑了在线销售中平台与物流公司、平台与生产商的决策问题，探讨了代理模式下平台与物流公司的决策问题、自营模式下平台与物流公司预测信息共享策略、成本信息不对称时自营与代理模式下平台与生产商的合同设计问题，得出了一些管理启示。具体地说，本书的创新之处有以下几点。

（1）以易贝与邮政、慧聪网与德邦、拼多多与天天等平台与物流公司合作为对象，研究了代理模式下平台与物流公司的决策。考虑了一个包含了电商卖家（生产商或零售商）、平台（易贝、慧聪网、拼多多）、物流公司（邮政、德邦、天天）的在线销售系统，其中，每个成员都拥有自己独立的决策能力，分析了三种不同的博弈模型。研究发现，当物流公司和平台同时决策时，即使他们的服务投入不相同，但最优收费相同，不同的博弈结构对在线销售成员和消费者也有重要的影响。

（2）以当当与邮政、网易考拉与顺丰等平台与物流公司合作为对象，研究了自营模式下平台与物流公司信息共享策略问题。考虑了一个平台（当当等）与物流公司（邮政、顺丰等）组成的在线销售系统，其中，平台与物流公司都进行市场需求信息预测，研究了在线销售系统成员之间的信息共享问题。研究发现，信息共享并不总是对平台不利，平台的信息共享是有选择性的：当物流公司的服务效率较高时，平台会自愿与其共享信息；当物流公司的服务效率中等时，可以通过一个讨价还价机制，促使平台进行信息共享；当物流公司的服务效率较低时，在线销售系统成员之间不存在信息共享。同时还发现，平台、物流公司之间信息共享的意愿随着消费者退货比例的提高而减弱。

（3）以京东生鲜、顺丰优选等平台与鲜活产品生产商合作为对象，研究了自营模式下平台与生产商的合同设计问题。考虑了生产商绿色生产成本信息存在高、低两种类型时，平台通过采用不同的单位支付和固定支付合同来激励生产商进行绿色生产。研究发现，当绿色生产成本系数较高时，平台通过调整单位支付和固定支付并举的措施来调动生产商的积极性；当绿色生产成本系数较低时，平台仅需调整固定支付就能促使生产商参与合作。而网络的外部性能够减少信息的不对称性对生产商的不利影响，当绿色生产成本系数较低时，网络的外部性能够有效地遏制信息不对称性对平台的不利影响；当绿色生产成本系数较高时，网络的外部性增加了信息不对称性对平台的不利影响，同时也增加了对在线销售系统的不利影响。

（4）以拼多多、阿里巴巴等平台与鲜活产品生产商合作为对象，研究了代理模式下平台与生产商合同设计。考虑生产商的绿色生产效率是在一个区间内变动，平台通过制定一个带有交易终止条件的两部收费策略激励生产商进行绿色生产，并参与合作。研究发现，平台能够通过设计一个两部收费策略来揭示生产商的真实绿色成本信息，激励生产商进行产品的绿色投入，同时使自己利润达到最大化。在一个特定的条件下，这个两部收费策略能够实现信息不对称下在线销售系统的协调。由于在信息不对称情况下平台及在线销售系统的利润会减少，因此，当信息不对称时，在线销售系统内合作的机会减少。

第 2 章

国内外相关研究综述

本书考虑了在线销售系统中代理模式下平台与物流公司不同博弈结构下的决策、自营模式下平台与物流公司预测信息共享、绿色成本信息不对称时自营模式和代理模式下平台与生产商的合同设计。因此，供应链中的博弈结构、需求预测信息共享以及成本信息不对称的研究为本书的研究提供了理论基础，在线销售的研究为本书的研究提供了背景支持，本章将从上述几个方面进行综述，并对现有文献进行简评。

2.1 传统供应链中博弈结构、需求预测信息共享、成本信息不对称的研究

在传统供应链中，已有许多学者对博弈结构、需求预测信息共享以及成本信息不对称进行了相关的研究，下面将分别进行综述。

2.1.1 传统供应链中博弈结构的研究

在博弈结构方面，学者们主要考虑制造商处于主导地位、零售商处于主导地位以及两者地位相同三种情况，有些文献会同时考虑多种情况，然后进行比较，从而找出主导能力的影响。然而，一些学者仅研究了供应链的价格决策下

博弈结构问题，还有一些学者将博弈结构的研究扩展到其他研究领域（如合作广告、互补品、闭环、绿色、服务供应链等），考虑了博弈结构在其他领域中对供应链成员的影响，下面将从这两个方面对博弈结构的研究进行详细的综述。

仅考虑了价格决策。伊埃等（EI et al.，1972）首先提出主导能力的概念，即在不同配送水平下，一个渠道成员控制另一个成员在市场营销战略中决策的能力。在一个销售渠道，制造商和零售商都拥有主导能力，这种能力使得渠道中的两个参与者都想运用自己能力获得更多的利润。艾特克等（Ertek et al.，2002）给出了不同主导能力的一些例子，比如微软和英特尔公司，制造商处于主导地位；而沃尔玛和特斯科公司，则零售商占据主导地位。潘等（Pan et al.，2010）研究了不同渠道权力结构下的收入分成与批发价格机制，考虑了由两个制造商和一个零售商组成的供应链中，当制造商处于主导地位，可以通过选择不同的合同，来实现自己最佳的收益。喻珊和李兆花（2012）、周扬等（2012）也考虑了制造商主导的情况。拉朱等（Raju et al.，2005）研究了零售商主导下的渠道协调问题，研究表明，当零售商服务成本较高时，制造商通过数量折扣来协调；当服务成本较低或者零售商占据很强的主导地位时，制造商可以通过两部收费策略来协调。王国才和陶鹏德（2009）、陈晓旭（2015）、姚锋敏等（2016）也考虑了零售商主导的情况。薛等（Xue et al.，2014）研究了一个制造商和一个零售商的供应链中制造商主导、零售商主导和双方均势等三种博弈结构，研究发现，制造商或零售商单独主导时情况更好，但是渠道优势并不总能保证更高的渠道利润份额。崔（Choi，1991）研究了差异化制造商竞争的主导能力问题，考虑了线性和非线性两种需求函数，研究发现，在线性需求函数下，无参与者主导市场时，所有渠道成员和消费者都会变得更好，零售商获得更多的利润，由于产品差异化较低，所有渠道成员的利润也在增加；当需求函数是非线性时，通过独家经销商渠道，制造商获得更多的利润，随着产品的差异化，通过零售商渠道，制造商的利润在减少，而通过独家经销商渠道时，则相反。金亮和郭萌（2018）研究了不同博弈结构对品牌差异化制造商市场入侵的影响，研究发现，当在位制造商主导时，能为其带来更多的利润，而进入制造商却不能；而当零售商主导时，能够使自己获得更多的利润，但是会造成在位制造商的利润损失，对进入制造商也不利。吴等（Wu et al.，2012）研究了零售商之间平行竞争、制造商和零售商之间的垂直竞争的价格决策，分析了六种主导能力结构，研究发现，博弈模型中的某些均衡值的顺序关系是零售替代性的函数。

还有一部分文献考虑了不同应用领域的博弈结构问题。王等（Wang et al.，2011）研究了零售商竞争情况下合作广告中博弈结构的问题，揭示了主导能力以及竞争行为对合作广告政策和所有参与者的利润影响。埃勒因等（Alaei et al.，2014）同样考虑了合作广告中博弈结构的问题。魏等（Wei et al.，2013）研究了不同博弈结构下互补品的价格决策，考虑了两个互补品制造商和一个零售商，分析了五种不同的主导能力结构，研究表明，当两个制造商同时决策时，最优决策不受主导能力的影响，而处于主导地位的成员（制造商或者零售商）将会获得更多的利润。塔莱扎和查姆基（Taleizadeh and Charmchi，2015）、魏等（Wei et al.，2015）和王等（Wang et al.，2017）也对互补品中的博弈结构问题进行了研究。高等（Gao et al.，2016）研究了不同博弈结构下闭环供应链的定价和回收努力程度决策问题，考虑了集中决策和三种分散决策模型，随着主导力量从制造商转移到零售商，零售商的利润总会增加，而当需求扩张的效果足够大时，制造商也会从中受益。王玉燕和申亮（2014）、公彦德等（2015）、高鹏等（2016）等也对闭环供应链中的博弈结构问题进行了研究。李新然等（2014）进一步研究了政府奖惩下闭环供应链中的博弈结构问题。戈什和沙阿（Ghosh and Shah，2012）研究了绿色供应链中三种主导能力问题，分析了主导能力对供应链以及参与成员的影响，同时还提出一个两部收费合同对绿色供应链进行协调。江世英等（2015）也对绿色供应链中的博弈结构问题进行了研究，同时考虑了收益共享契约。赵等（Zhao et al.，2012）考虑了模糊环境下可替代产品的博弈结构问题，分析了主导能力对可替代产品价格决策以及参与成员利润的影响。陈等（Chen et al.，2014）研究了一个装配商和两个供应商组成的装配供应链中主导能力和盈利能力，分析了主导能力对参与者利润的影响。陈和王（Chen and Wang，2015）针对由手机制造商和电信运营商组成的供应链，研究了三种主导能力结构对于定价和渠道选择的不同影响。吴等（Wu et al.，2015）针对由分销商和第三方物流服务商组成的生鲜产品物流服务供应链，研究了三种主导能力结构对于供应链均衡和契约设计的影响。周茂森等（2017）研究了规模经济的差异化竞争制造商集团采购的主导能力结构模型，研究发现，集中决策下的最优产量和系统利润都随规模经济性呈现单峰变化，分散决策在规模经济性足够高时可达到最优，制造商主导时可能无法实施集团采购；当产品差异化较小时，可能对制造商不利，而对 GPO 和系统有利。易余胤等（2018）考虑了延保服务供应链中的博弈结构问题，分析了网络外部性和主导能力的影响。

2.1.2 传统供应链中需求预测信息共享的研究

对于传统供应链中需求预测信息共享的研究主要有两方面，一方面是假设供应链中只有一个参与者能够预测市场需求，另一方面是假设供应链中的参与者都能够进行市场需求预测，下面分别对这两种情况进行综述。

（1）假设供应链中只有一个参与者能够预测市场需求。比如李等（Li et al.，2002）研究了一个上游公司（制造商）和多个下游公司（零售商）组成的两级供应链的垂直信息共享问题，考虑了下游公司之间进行古诺（Cournot）竞争且拥有私有需求或成本信息时，垂直信息共享对供应链的影响，研究表明信息泄露不鼓励零售商分析需求信息，但是鼓励他们分析成本信息。哈等（Ha et al.，2011）研究了竞争供应链中垂直信息共享的激励问题，考虑了制造商生产技术为规模不经济的情况，分析了零售商进行古诺竞争和伯川德（Bertrand）竞争的情形下，零售商的信息共享策略，探讨了供应链内信息共享对另一条供应链的影响。研究发现，无论零售商进行何种竞争时，信息共享对供应链均是有利的。李和张（Li and Zhang，2015）研究了制造商是备货型生产企业，当零售商具有不完全需求信息时，零售商的信息共享问题，研究发现，如果需求不确定性处于中等水平时，零售商有动机自愿与制造商分享信息。尚等（Shang et al.，2016）研究了制造商竞争的可替代产品供应链中零售商的信息共享问题，考虑了制造商生产规模经济与不经济两种情况，分析了零售商不分享、向一个或两个制造商分享信息，研究表明，零售商更愿意按顺序而不是同时向制造商分享信息，而制造商却相反。黄等（Huang et al.，2017）研究了多个供应商竞争的供应链中，通过零售商需求预测信息共享实现供应链的协调问题，考虑了零售商的三种信息共享策略：不共享、部分共享以及完全共享，分析了信息共享对减少库存和增加利润的影响，研究表明，随着连续需求相关系数的增加，信息共享的价值更大。以上考虑了竞争供应链中价格决策下需求信息共享的研究，还有一些学者考虑其他产品供应链中需求信息共享的研究。周等（Zhou et al.，2017）研究了一个集团采购组织和两个竞争制造商的供应链中，当制造商拥有需求预测信息时，为了激励制造商进行信息共享促进供应链的协调，集团采购组织的合同设计问题，研究表明，批发价合同不能激励制造商信息共享，而补偿合同能够实现供应链的完美协调。江等（Jiang et al.，2016）研究了新产品供应链中，当制造商拥有更多需求预测信息时的信息分享策略，考虑了不分享（制造商事先声明不分享其预测）、自愿共享（制造商在获取预测信息后分享）以及强制共享（制造商被强制分享其预测）三种情况，分析了零售商风险偏好对信息共享的影响，研究表明，当零售商不愿承担风险时，制造商更倾向于不共享，即使在自愿共享模式下，提高预测精度也可能会损害两家公司的利益。

陈金亮等（2010）在随机需求市场中，考虑零售商能够预测需求并进行更新时，研究供应商如何利用最小订货比例合同实现激励零售商共享其私有预测信息，如何设计补贴合同来实现供应链的协调运作。聂佳佳（2012）研究了零售商预测信息分享对制造商渠道结构选择的影响，考虑了单渠道和双渠道供应链，研究发现，当零售商的需求预测精度比较低时，制造商应当开通直销渠道，零售商没有动机将预测信息与制造商分享，当在一个信息分享补偿机制下，零售商能自愿分享其私有信息。聂佳佳和熊中楷（2011）、聂佳佳（2013，2014）研究了闭环供应链中的需求预测信息共享问题。高鹏等（2013）考虑了零售商信息预测的分享对绿色供应链的影响，研究表明，与不考虑产品绿色投入相比，绿色供应链中信息预测价值更加明显，同时，零售商信息共享对自身利益不利，但能使制造商和供应链预期利润增加。一些学者考虑了存在竞争的情况下，需求预测信息共享的问题。谢印成等（2015）研究了制造商竞争的绿色供应链中预测信息分享问题。但斌等（2016）研究了制造商竞争的集团采购供应链需求预测信息共享与激励，分析了竞争强度、信息精度和市场波动对信息共享价值的影响，进而提出了信息共享激励策略。周茂森等（2017）研究了互补品制造供应链中制造商的信息共享的问题，通过建立不完全信息下的动态博弈模型和求解博弈均衡，分析互补性、信息精度和信息共享水平等因素对于系统绩效的影响，研究发现，批发价格契约下，各制造商不愿共享任何信息；收益共享契约下，各制造商愿意共享全部信息，且所有参与者实现帕累托改进。许明辉和杨东升（2017）研究了不同促销模式下零售商需求预测精度的影响问题，考虑了零售商促销和供应商促销两种模式，分析了需求预测精度对成员决策和效用的影响，研究发现，提高预测精度能够增加零售商的效用，对供应商并不是总有利。

（2）假设供应链中参与者都能够预测市场需求。比如岳和刘（Yue and Liu，2006）研究了双渠道供应链中的需求预测信息共享问题，考虑了订货型生产和备货型生产两种方案，分析了需求预测信息共享的价值以及制造商开通直接渠道对供应链的影响，研究表明，直接渠道对零售商有负面影响，在一定条件下，信息共享对制造商和供应链是有利的。米什拉等（Mishra et al.，2009）研究了一个制造商和一个零售商之间需求预测信息共享问题，在岳和刘（2006）研究的基础上考虑了用批发价折扣合同来促进信息共享，研究表明，在定制型方案中，无偿分享信息对制造商有利，而对零售商是不利的，但是制造商可以通过一个特殊的批发价折扣合同促使零售商进行信息共享，进而达到帕累托最优信息共享均衡；在存货型方案中，信息共享能够使制造商获利，同时，如果信息共享节省的库存持有和缺货成本够高，那么单边支付合同也能达到帕累托最优。库图卢斯等（Kurtulus et al.，2011）研究了制造商与零售商的协同预测问题，分析了非合作（两者不共享需求预测信息）与合作（两者共享需求预测信息）两种模式，通过比较三种合同（零售商管理库存的批发价合同、制造商管理库存的批发价合同和零售商管理库存的回购合同）下双方利润分析了供应链协同预测的价值。严和裴（Yan and Pei，2015）在一个不确定的市场中，考察了两个企业可以分别获取需求信息，研究了两个企业在斯坦伯格博弈和伯川德博弈两种决策方式下的信息分享价值，并对供应链中成员在两种模式下获取的利润进行了对比分析。卞等（Bian et al.，2016）研究了两条竞争的供应链，其中，零售商们进行伯川德竞争的模型，考虑制造商和零售商们都可以预测市场需求且预测信息都是私有时，分析了一条供应链内的需求信息共享和不分享的情形对另一条供应链内信息共享价值的影响。一些文献还将信息预测应用到其他供应链中，比如张等（Zhang et al.，2017）研究了多种信息共享情况下救济物品的广告与定价问题，考虑了无信息共享、信息共享以及零售商预测三种情况，通过比较分析了制造商与零售商之间信息共享的条件。严等（Yan et al.，2016）研究了制造商和零售商进行合作广告的双渠道供应链中的需求预测信息共享问题，分析了合作广告对信息共享的影响，研究表明，广告代理能够验证共享的信息，在广告中作出最优的投资，从而消除信息失真，达到最优效果。张盼和熊中楷（2017）研究了闭环供应链中的需求信息共享问题，考虑了订货型生产和备货型生产两种方案，分析了需求预测信息对供应链中成员的影响，研究表明，备货型生产方案中信息共享的可能性要高于订货型生产方案。士明军等（2019）研究了绿色供应链中的需求信息共享问题，并在此基础上进一步考虑了政府补贴对绿色供应链参与者及其需求信息共享的影响问题（士明军等，2020）。

2.1.3　传统供应链中成本信息不对称的研究

关于在成本信息不对称的研究，已有学者主要考虑了固定成本（边际成本或生产成本）和可变成本（服务、努力、回收等成本），从信息不对称两个方面进行了研究，讨论成本信息不对称下的合同设计问题。下面将从上面两个方面对传统供应链中成本信息不对称的研究进行详细的综述。

首先，综述固定成本信息不对称的相关研究。哈（Ha，2001）研究了价格敏感的随机需求易逝品供应链中，当经销商边际成本信息不对称时，供应商为实现利润最大化的合同设计问题，考虑了信息对称与不对称两种情况，求出了两种情况下的最优合同，并对最优的交易终止点进行了分析，研究表明，在信息对称情况下，供应商能够获得最大的利润；在信息不对称情况下，供应商获得的利润会减少，而经销商的利润会增加。此外，边际成本较低的经销商会从供应商那里获得更多的利润。科伯特等（Corbett et al.，2004）研究了当经销商边际成本信息不对称时，供应商的合同设计问题，考虑了供应链中成员的交易终止约束，设计了几个信息甄别合同（批发价合同、两部定价线性合同、两部定价非线性合同），分别分析了信息对称与不对称的情况，并进行了比较，研究发现，两部收费合同下的信息价值最高，信息对称的情况下，提供两部收费合同的价值更高。刘等（Liu et al.，2009）在科伯特等（2004）的基础上研究了买方驱动供应商边际成本信息不对称的情况下，买方的合同设计问题，分别考虑了三种合同的完全信息和不完全信息两种情况，并进行了比较，研究表明，对于批发价合同，买方驱动渠道比供应商驱动渠道更有效，在信息不对称的情况下，拥有主导地位不一定对任何一方都有利，有时失去主导地位反而能获得更高的利润。刘等（Lau et al.，2007）研究了制造商生产成本信息不对称时，零售商的决策问题，考虑了线性需求和等弹性需求两种情况，分析了零售商向制造商提供数量折扣合同的问题，研究表明，与理论上优化的合同相比，这种折扣合同非常有效，当需求曲线是线性时，折扣效果比较好，而需求曲线为等弹性时，折扣效果会变差。曹等（Cao et al.，2013）研究了双渠道供应链中，零售商边际成本信息不对称的情况下的批发价合同设计问题，考虑了信息对称与不对称两种情况，分析了不对称成本信息对供应链中成员均衡策略和利润的影响，同时还分析了成本信息的价值。吴忠和等（2013）在一个零售商的销售成本信息是非对称的闭环供应链中，研究其在正常状态和突发状态下回购契约协调问题，研究表明，当突发事件造成市场规模和制造商生产成本同时扰动时，闭环供应链的销售活动将受影响，且闭环供应链的协调将被打破，而闭环供应链的废旧品回收活动却不受突发事件的影响。魏等（Wei et al.，2015）研究了闭环供应链中零售商回收成本信息不对称时的价格和回收决策，考虑信息对称与不对称两种情况；分析了制造商主导和零售商主导下的供应链最优决策。王新辉等（2016）基于实验室的实验方法，研究了新产品供应链中双边成本信息不对称的契约机制效率问题，通过实验研究发现，如果决策者进行理性决策，最大化其期望收益，则会真实地共享信息，因此，理论契约机制在激励制销双方真实共享信息上总体是有效的，其效率损失的主要原因是被试个体的非理性行为。古勒等（Guler et al.，2018）研究了随机需求下公司边际成本信息不对称时双寡头竞争的报童模型，研究表明，在一般的假设下，一个纯策略贝叶斯—纳什（Bayesian-Nash）均衡的存在性，在公司存在差异的情况下，竞争的存在导致较高的总存储量。刘浪等（2018）研究了随机市场需求下成本信息不对称时应急供应链的数量折扣契约问题，考虑了制造商生产成本和零售商销售成本信息不对称两种情况，分析了信息不对称对成员及整个供应链绩效的影响，研究结果表明，当突发事件造成市场价格随机波动和市场需求变化时，供应链上的跟随者能从隐瞒私人信息中获利；当市场需求增大时，整个供应链绩效受损，反之则相反。

　　还有一些学者研究了可变成本信息不对称下的合同设计问题。姚等（Yao et al.，2008）研究了一个存在零售商竞争的供应链，当零售商提供增值服务且服务成本信息为其私有信息时，通过三种垂直分享模型研究了零售商的信息分享策略。穆霍帕迪亚等（Mukhopadhyay et al.，2008）研究了一个混合渠道（双渠道）供应链，当零售商向消费者提供增值服务且其增值服务成本信息相较于制造商来说是不对称信息时，制造商的合同（合同形式包括直销价格、批发价以及转移支付三部分）设计问题，分析了渠道整合情况、信息对称和信息不对称三种情况，并将渠道整合情况的均衡结果与信息不对称的情况进行了比较。穆霍帕迪亚等（Mukhopadhyay et al.，2009）研究了一个制造商和一个销售代理组成供应链，当销售代理提供营销努力且其努力成本信息不对称时，制造商存在交易终止情况下的最优合同设计问题，考虑了一个两部收费合同和一个零售商价格保持合同，分析了两种合同下的均衡结果，并对两种合同进行了比较。谢等（Xie et al.，2014）在穆霍帕迪亚等（2009）的基础上，研究了一个制造商提高产品质量和零售商提供增值服务的供应链中，零售商增值服务成本信息不对称时制造商的最优合同设计问题，分析了三种合同：批发价合同、特许经营费合同、零售商价格保持合同，并对三种合同进行了比较。但斌等（2012）以完全信息下的应用服务外包合约设计为研究基准，研究了当应用服务提供商成本信息不能观测下的应用服务外包菜单式合约设计问题。刘克宁和宋华明（2014）考察企业将产品研发外包过程中，当代理人接包方的研发努力成本信息不对称时，委托人发包方如何利用一个由固定支付和收益共享系数组成的合同菜单实现对接包方私有信息揭露的问题。张等（Zhang et al.，2014）研究了闭环供应链中信息不对称下的合同设计问题，考虑了两部收费合同和控制回收率合同，通过比较，分析了信息对均衡结果的影响。李等（Li et al.，2014）也考虑了成本信息不对称下闭环供应链的合同设计问题。赵等（Zhao et al.，2017）进一步研究模糊环境下闭环供应链的协调问题，考虑了制造商和零售商回收成本信息不对称时信息对称和不对称两种情况下，从制造商的角度探讨了供应链的协调合同，并通过算例对两种情况下的均衡进行了比较分析。李和李（Li and Li，2015）研究了服务供应商的服务成本信息不对称下，服务销售商的合同设计问题，考虑了服务成本信息对称与不对称情况下的固定服务质量和不固定服务质量合同，通过比较分析了信息租金和成本信息的价值。彭鸿广和骆建文（2015）在一个由风险中性的采购方（委托方）和一个风险规避的供应商（代理方）组成的供应链中，分别探讨了供应链在信息对称和不对称情形下的最优研发成本分担激励合同设计问题。黄河等（2015）研究了供应商的初始可靠性和降低风险的努力是不对称信息时，制造商的采购激励合同设计问题，分析了信息的不对称性对供应链的利润及信息租金的影响。肖群和马士华（2015）研究了促销努力成本信息不对称下的供应链，在促销成本不可观测时，供应商利用委托代理理论研究信息不对称时如何通过回购契约揭示真实的促销努力成本。吴忠和等（2015）研究了时间约束下零售商边际成本信息不对称下鲜活农产品供应链应对突发事件的协调问题，考虑了对称信息、不对称信息、突发事件不对称信息情况下供应链的协调机制，研究表明，供应链的最优生产计划、最优批发价格和最优零售价格均具有一定的鲁棒性，当突发事件造成零售商期望成本在一定范围内发生扰动时，三者可以保持不变。夏良杰等（2018）研究了零售商竞争的低碳供应链中，零售商低碳推广成本信息不对称下的信息共享问题，分析了零售商对制造商分享成本信息的条件，及不同情形下的制造商减排和零售商低碳推广策略，研究发现，零售商只有在自身低碳推广效率足够高时才会与制造商分享信息，仅一家零售商分享成本信息时，制造商无法通过转移支付使另一家零售商与其分享信息。

2.2　信息对称下在线销售系统的研究

在线销售的快速发展，使得在线销售在整个市场销售中的分量越来越重，进而引起许多研究者的关注。对于在线销售的研究主要集中在平台决策和平台销售模式选择两个方面进行研究。

2.2.1　平台决策的研究

平台决策方面考虑的研究主要集中在价格决策和非价格决策两个方面，其中，价格决策又分为差异定价和平台竞争两种情况，非价格决策多集中于平台的差异化行为与参与者的归属差异上。

关于差异定价的研究，罗切特和蒂罗尔（Rochet and Tirole，2003）首先从价格结构非中性和互补性角度将双边市场定义为"如果平台中任何参与方所面临的价格变化都会对平台的总需求和平台的交易量有着直接的影响，那么这个平台市场就是双边市场"，研究认为，平台应根据不同客户群体实施不同的价格模式。阿姆斯特朗（Armstrong，2004）基于网络外部性视角将双边市场定义为"两组参与者需要通过中间层或平台进行交易"，构建了平台厂商两边收取注册费和两部收费模式的价格模型，分析了双边市场中常见平台两边不对称的定价现象，作者认为，平台两边用户网络外部性的差异是导致不对称定价的根本原因。陈等（Chen et al.，2012）以淘宝、易贝为例，对比广告和经纪两种运营模式，研究发现，用于广告的空间较多或匹配度较低时，广告模型产生更多的收益；用于广告的空间较少或匹配度较高时，经纪模型产生更多的收益。纪汉霖（2006）、胥莉等（2009）、李伟倩（2012）也认为这种"不对称定价"现象对于平台企业是一种普遍和理性的竞争策略。一些研究考虑平台之间的竞争，埃文斯（Evans，2003）用实证方法研究了多边平台问题，分析了垄断双边市场平台的优势和面临的潜在挑战及其应该采取的一些应对策略。王昭慧（2010）研究了双边市场中的平台厂商提供补贴的问题，通过构建垄断平台、封闭双寡头平台和开放双寡头平台的竞争模型，分析了补贴实施前后的市场均衡。研究结果表明，补贴在早期可以扩大平台厂商的双边市场规模，但同时也会降低平台利润，到平台运营后期，补贴策略会逐渐淡出市场。刘维奇和张苏（2016）研究了双寡头平台之间的竞争问题，考虑了技术创新对平台互联互通的影响，研究结果表明，高技术平台对双边用户的定价高于低技术平台，同时获得较高的平台利润，而低技术平台进行技术创新时，增加了其两边的用户规模和平台利润，提高了自身在市场中的竞争力，但是会减少平台间互联互通的机会。士明军等（2020）研究了"电商—平台—物流"在线销售系统中的市场能力结构问题，研究表明，市场能力对在线销售系统成员的决策和利润有重要的影响。

关于非价格竞争行为多集中于平台的差异化行为与参与者的归属差异上。从平台差异化的视角，森等（Sen et al.，2011）在垄断市场的假设下探讨新创平台的投入高低问题，建立了包含成本函数与平台功能性参数"F"的定价模型。研究得出平台的投资决策取决于与成本相关的影响因素且两者关系复杂，收益对于成本的变化灵敏度极高的结论。黄文妍和段文奇（2015）将平台的投资分为技术投资与服务投资两类，研究了垄断平台企业管理者在面临建立一个技术创新导向型的平台还是人工服务导向型平台时的投资决策问题，得出平台技术投资与服务投资的最优结构。研究结果表明，在考虑交叉网络外部性的条件下，平台管理者应采用技术创新导向型战略，加强技术投资与建设，从而建立进入壁垒。窦等（Dou et al.，2016）研究了双边平台的增值服务投资和价格决策，考虑了平台对卖家和买家增值服务投资两种情况，研究表明，平台能够通过增值服务投资提升卖家和买家的参与度，同时获得更多的利润。

从用户归属行为视角，纪汉霖（2011）从用户归属行为的视角考虑了差异竞争平台的博弈问题，研究发现，用户多归属行为会降低平台的定价和利润，用户单归属时的平台利润最高。张千帆等（2016）通过分析用户的部分多归属特性建立了双边用户部分多归属的竞争模型，对平台跨产业合作进行了更为深入的研究。谢运博和陈宏民（2018）在考虑用户多归属行为的情况下，研究了互联网平台型企业的横向合并以及合并后禁止多归属对社会总福利的影响。

2.2.2　平台销售模式选择的研究

平台销售模式选择主要体现在单一销售模式和混合销售模式两种情况，其中，单一销售模式又包含平台自营（或者直销）、平台代理两种情况，下面主要就这两个方面进行详细的论述。

关于单一销售模式，如曼廷等（Mantin et al.，2015）研究了零售商引入3P 平台市场的战略理由，分析了3P 平台市场增长的原因，研究表明，3P 平台市场的存在为零售商创造了一个"外部选择"，改善了零售商与制造商谈判的地位，同时，3P 平台市场的存在有利于消费者，但随着零售商变得更加强大，这种好处会减少。查等（Zha et al.，2015）等研究了一个服务平台（如携程网）与酒店合作时的努力对酒店决策的影响，研究表明，当平台有动力提升销售努力，以提高双方利润的情况下，成本分摊合同能够有效地进行两者之间的协调。阿布舍科等（2016）研究了电子零售的渠道结构问题，通过比较，分析了什么时候电子零售商应该使用代理模式而不是更传统的转售模式。克瓦克等（2017）研究了第三方评论对在线零售商销售模式的影响，发现当第三方评论信息的精确度较高且质量维度起主导作用时，在线零售商采用批发零售模式会产生较高收益；当匹配维度占主导作用时，在线零售商采用平台模式会获得较高收益。田等（Tian et al.，2018）研究了新型电子商务模式的战略，从电子零售商的角度对目前存在的自营模式、代理模式和混合模式三种在线销售模式进行了对比分析。卢等（Lu et al.，2018）研究了由一个作者、一个出版商、一个实体书店和一个电子书店组成的供应链，通过比较，分析了电子书销售的两种模式：批发模式和代理模式。孙自来等（2018）研究了基于直销成本和平台交易费的三种制造商在线销售模式（制造商自建平台销售、制造商通过平台代理和制造商通过平台直销），通过两两比较每种销售模式的收益，分析了制造商销售模式选择的决策依据。

一些学者研究了混合销售模式，如瑞恩等（2012）研究了在线销售市场的竞争与协调问题，考虑了在线销售平台（如亚马逊）是否选择自营产品的情况，并分析了在线零售商和销售平台的在不同情况下的决策问题，研究表明，若在线零售商竞争力较强时，在线销售平台只适宜代理；若在线零售商竞争力一般时，在线销售平台既能自营也能代理；若在线零售商竞争力较弱时，在线销售平台只适宜自营。刘维奇和张苏（2017）研究了双边平台兼并策略下的定价问题，考虑无兼并、纵向兼并和横向兼并三种情况，并对不同情形下的均衡解作了对比分析，研究表明，横向兼并下互补品供应商对消费者的定价最高，纵向兼并下最低，随着网络外部性的增大，平台对消费者的定价和利润升高，而互补品供应商对消费者的定价降低。李晓静等（2017）构建了两个供应商和平台存在交叉交易的供应链博弈模型，分析了交叉竞争环境下，平台直销和平台分销模式对供应链中各成员的影响。韩等（Han et al.，2018）研究了自营与代理模式下电子零售中制造商和零售商的定价、议价策略，分析了自营平台（如亚马逊）和代理平台（如阿里巴巴）两种类型，同时考虑自营平台收取租金的情况，研究结果表明，固定佣金对制造商的利润有影响，而浮动佣金将影响代理平台的批发价和两个平台的零售价，批发价和零售价受服务质量的影响，而且这种影响还受可变佣金的影响。严等（Yan et al.，2018）研究了存在线上到线下溢出效应的情况下平台的渠道引入问题，分析了溢出效应对制造商引入代理渠道以及电子零售商开通代理渠道的影响，同时分析了平台的入驻费用对电子零售商开通代理渠道的影响。桂云苗等（2018）研究了双边努力情况下电子商务平台商品质量保证策略，分析了平台型、自营型和综合型三种不同类型电子商务运营模式下商品的质量保证策略选择的博弈模型。

2.3 信息不对称下在线销售系统的研究

信息不对称下在线销售中的研究主要集中在需求信息不对称和成本信息不对称两种情况。

2.3.1 需求信息不对称下在线销售系统中信息共享的研究

艾兴政等（2008）研究了传统零售商渠道与制造商控制的电子渠道竞争环境下信息分享的绩效问题，研究表明，在风险相对较低的行业，零售商自愿分享私有预测信息，而制造商由于拥有电子渠道市场信息却无意获取传统渠道市场信息；只有在高风险行业且制造商预测信息精度不高的条件下，其才有意愿获取传统渠道预测信息；在风险适度行业，制造商与零售商都无意分享或获取传统渠道信息预测信息。陈忠等（2008）在艾兴政等（2008）的基础上进一步研究了双渠道信息共享与收益共享合同的选择，探讨合作机制的实施条件和范围，并分析了市场竞争、市场风险、市场潜在规模、信息预测能力对双渠道信息共享与收益分享策略选择的影响。滕文波和庄贵军（2011）研究了基于电子渠道需求预测的渠道模式选择，分析了不同模式下信息共享的策略，研究结果表明，经销商总是选择不分享私有信息，而厂商的渠道模式的选择受到电子渠道需求预测精度、市场波动、电子渠道潜在消费者比例等因素的影响。罗春林等（2017）研究了两个竞争的制造商通过同一个网络平台销售产品的需求信息分享问题，分析了网络平台销售模式下，信息共享对网络平台、制造商的影响以及制造商在不同规模经济下平台信息共享的价值，研究表明，在网络平台销售模式下，信息分享同样能给网络平台和制造商带来更多的期望利润，但是平台提成比例过高而产品生产的规模经济比较明显时，分享需求信息却不一定会为平台带来更多的期望利润。赵等（Zhao et al.，2018）研究了一个在线零售商和多个供应商之间的信息共享问题，分析了网络零售商市场需求信息共享对供应链的"牛鞭效应"以及供应商库存水平的影响，进而分析信息共享的价值，研究表明，网络零售商之间的市场需求信息共享可以降低供应链的"牛鞭效应"，减少供应商的库存水平。黄等（Huang et al.，2018）研究了零售商信息共享与供应商入侵问题，研究发现，供应商可能通过征收固定的费用来入侵零售渠道，当预期到供应商入侵时，零售商可能更愿意分享需求信息，特别是共享低需求信息，可能会阻止供应商建立直销渠道，进而减少了下游渠道竞争。沙尔等（Schaer et al.，2019）研究了通过使用用户的在线信息（如搜索流量或社交网络份额）进行需求预测的问题，研究发现，建立单变量预测基准始终比包含在线信息表现得更好，强调进行全面的预测评估，并认为平台数据在支持运营决策方面的作用可能有限。

2.3.2　成本信息不对称下在线销售系统中机制设计的研究

基于在线销售背景下，考虑成本信息不对称的研究比较少，金亮等（2017）研究了不对称信息下线下到线上 O2O 供应链佣金契约设计问题，考虑了线下体验店体验服务成本信息不对称时，线上零售商的佣金契约设计问题，分析了不对称信息对零售商、体验店及 O2O 供应链绩效的影响，研究结果表明，基于不同成本类型体验店，线上零售商设计佣金契约的激励目的不一样；不对称信息的存在会使佣金契约参数发生变化，但不对称信息却不一定会降低 O2O 供应链的绩效或产生信息租金。慕艳芬等（2018）研究了需求信息和制造商开通直销渠道的固定成本信息对称情形下，制造商不同销售渠道策略选择对零售商销售量和利润带来的影响，以及信息不对称情形下零售商的市场需求信息披露对制造商开通直销渠道的影响。张旭梅和金亮（2018）研究了线上零售商退款保证下供应链定价与合同设计问题，考虑了消费者退货成本信息不对称下的线上零售商最优定价与制造商合同设计问题，分析了信息对称与不对称两种情况，研究结果表明，当制造商的谈判满足一定条件时，零售商愿意披露其拥有的私有信息而与供应方分享整个供应链的利润；提供退款保证能够使零售商拥有信息优势而获得额外收益，但却不一定能有效提升消费者剩余。

2.4　本章小结

目前，在线销售正处在快速发展阶段，对于在线销售的研究已成为国内外的研究热点。通过对已有相关文献的综述可以发现，在传统供应链中，关于博弈结构、需求预测信息共享以及成本信息不对称的研究比较多，而基于在线销售背景下的相关研究却比较少。

自从 1995 年世界上第一个网上交易平台易贝出现，至今 20 多年的发展，市场上已出现了诸如阿里巴巴、拼多多等以代理为主的在线销售平台，一些制造商（如戴尔、耐克、小米、海尔等）纷纷开通在线销售渠道；以当当等这样的以自营为主的在线销售平台，从制造商那里低价采购产品，通过自有平台在线销售，赚取差额。由于在线销售的激烈竞争，一些在线平台选择与物流公司合作，如易贝与邮政，阿里巴巴与"三通一达"、顺丰等；一些平台选择与供应商合作，如亚马逊、京东、顺丰优选、易果生鲜等。这些实际现象为本书提供了研究背景。

本书关于代理模式下平台与物流公司的决策研究，在艾特克等（2002）、潘等（2010）等文献的基础上，又参考了王等（2011）、魏等（2013，2015）不同领域的应用，结合在线销售的实际背景，考虑在线销售系统中代理模式下平台与物流公司合作时不同博弈结构下的决策问题，这在以往的文献中没有提到。在以往的研究中，如潘等（2010）、魏等（2013）、王旭坪等（2017）、金亮和郭萌（2018）等文献认为主导能力与参与者的利润是正相关的，本书中关于电商卖家也得到了类似的结论，但是对于物流、平台而言，最大的主导能力并不能获得最高利润。关于自营模式下平台与物流公司预测信息共享策略的研究，本书主要借鉴了岳和刘（2006）、米什拉等（2009）、严等（2016）文献中考虑两个参与者同时进行预测的情况，这与李等（2002）、哈等（2011）、尚等（2016）、周等（2017）等文献中只考虑一个参与者能够预测市场需求不同。同时，参考了聂佳佳（2013）、高鹏等（2013）文献中讨价还价机制设计的研究，还考虑了在线销售过程中在线消费者退货的情况，这在以往的文献中很少考虑。与岳和刘（2006）、聂佳佳（2013）、高鹏等（2013）、江等（2016）、周茂森等（2017）等无偿分享信息对自身不利所不同的是，在一定条件下（物流公司服务效率很高的时候），平台会自愿分享其需求预测信息。关于自营模式下平台与生产商合同设计的研究，主要参考李和李（2015）、肖群和马士华（2015）、金亮等（2017）文献中成本信息不对称时合同设计的研究，又结合了赵等（2014）、易和杨（Yi and Yang，2016）文献中网络外部性的研究，除此之外，本书的研究中以鲜活产品为背景，考虑了产品在线销售中的退款不退货的情况，这是与以往研究的又一个主要区别之处。在代理模式下平台与生产商合同设计的研究中，主要参考了哈（2001）、科伯特等（2004）、穆霍帕迪亚等（2009）、张等（2014）中成本信息不对称时带有交易终止策略的决策研究，结合了阿布舍科等（2016）、韩等（2016）、卢等（2018）、田等（2018）等文献中平台代理模式的研究，同时还考虑了在线消费者购买鲜活产品的过程中退款不退货的情况。与穆霍帕迪亚等（2008，2009）、张等（2014）文献不同的是，本书发现在信息对称情形下，两部收费策略不仅能够揭示生产商的真实绿色成本信息，而且可以实现在线销售系统的协调，即使在信息不对称情形下，当生产商绿色生产效率达到最高水平时，两部收费策略依然可以协调整个在线销售系统。同时，本书还发现，信息不对称性对整个在线销售系统的影响会随着在线消费者对产品绿色水平敏感性的增加以及产品死亡率的降低而被放大。

综上所述，在线销售发展迅速，而相应的研究却不多，特别是在线销售系统中参与成员不同博弈结构下的决策、预测信息共享、绿色生产成本信息不对称情形下的合同设计问题。因此，本书结合在线销售的实际背景，以传统供应链中相关研究为理论依据，对上面讨论的问题进行研究，充实在线销售的管理理论，进而丰富在线销售的研究。

第 3 章

代理模式下平台与物流
公司的决策研究

3.1 引 言

随着电子商务的快速发展，市场上衍生出了一些在线销售网站，如亚马逊、易贝、淘宝、京东等，并且它们已经在在线交易中获得了巨大的成功（Dou et al.，2016）。随着在线销售的盛行，物流企业得到了空前发展。由于方便、节省时间，越来越多的人开始选择网上购物。特别是手机移动网络的快速发展，使得人们随时随地想购就购，因此，越来越多的消费者也愿意选择网上购物。同时，大量的零售商也开通了在线销售渠道（Wang et al.，2017），根据国家统计局数据显示，2022 年中国网上零售总额达到 13.79 万亿元，同比增长 14.1%①。因此，在线销售彻底改变了传统的商业运作模式，让人们足不出户就可淘尽天下商品，极大地便利了人们的生活。

由于在线销售竞争日趋激烈，提供更好的在线服务和便捷的配送成为众多在线销售平台的主要竞争方式。因此，市场出现了诸如易贝与邮政，阿里巴巴与"三通一达"、顺丰，慧聪网与德邦，拼多多与天天等这样的销售平台与物流公司合作。像易贝与邮政，阿里巴巴与"三通一达"、顺丰，作为市场上主

---

① 国家统计局. 中华人民共和国 2022 年国民经济和社会发展统计公报［EB/OL］.［2023 – 02 – 28］. http：//www. stats. gov. cn/sj/zxfb/202302/t20230228_1919011. html.

要的销售平台和物流公司，拥有很强的市场地位，在和电商卖家谈判时，具有绝对的优势，并且可以对销售平台和物流同时进行决策。相反，例如一些大型品牌卖家（如格力电器、安踏等）入驻慧聪网，作为原本已经有一定影响力的企业，在和销售平台（慧聪网）进行谈判时，就拥有一定主动权，特别是在平台刚起步的阶段。由于慧聪网与德邦物流进行合作，电商卖家入驻慧聪网，就等于采用了德邦物流配送，入驻易贝也就等于选择了邮政配送，于是在线卖家同时确定了销售平台和物流配送。

本章旨在研究在线销售系统中代理模式下平台与物流的决策问题。以易贝与邮政、慧聪网与德邦、拼多多与天天等平台与物流公司合作为对象，考虑一个包含了电商卖家（生产商或零售商）、平台（易贝、慧聪网、拼多多）、物流公司（邮政、德邦、天天）的在线销售系统，每个成员都拥有自己独立的决策能力。本章重点讨论以下问题：当平台与物流公司进行合作时，它们为了达到自身利润最大化应该如何决策？在不同的博弈结构下，在线销售系统成员的决策、利润有什么变化，不同博弈结构对在线销售成员有什么样的影响？博弈结构对消费者以及在线销售系统有着什么样的影响？

目前已有许多学者考虑了博弈结构的问题，与本章相关的文献有：伊埃等（1972）首先提出主导能力的概念，即在不同配送水平下，一个渠道成员控制另一个成员在市场营销战略中决策的能力，在同一个销售渠道，制造商和零售商都拥有主导能力，这种能力使得渠道中的两个参与者都想运用自己的能力获得更多的利润；艾特克等（2002）给出了不同主导能力的例子，比如微软和英特尔公司为制造商主导，而沃尔玛和特斯科公司为零售商主导；潘等（2010）研究了由两个制造商和一个零售商组成的供应链中，当制造商处于主导地位，可以通过选择不同的合同来实现自己最佳的收益；拉朱等（2005）研究了零售商主导下的渠道协调问题，研究结果表明，制造商可以根据零售商服务成本的不同，制定不同的策略来实现供应链的协调。此类文献主要是研究供应链中基于价格决策下的博弈结构问题，还有一部分文献不仅考虑了价格决策，同时也考虑了能力结构在不同领域的应用问题。魏等（2013，2015）和王等（2017）研究了互补品中的博弈结构问题；高等（2016）、公彦德等

（2015）、高鹏等（2016）等研究了闭环供应链中的博弈结构问题；戈什等（2012）、江世英等（2015）研究了绿色供应链中的博弈结构问题；周茂森等（2017）研究了规模经济的差异化竞争制造商集团采购的博弈模型。这类研究都是基于传统渠道的研究，本章在上述研究的基础上，将研究范围拓展到在线销售渠道，考虑在线销售系统中的博弈结构问题。

近年来，由于在线销售的快速发展，也有少量的学者开始考虑在线销售中的博弈结构问题。比如曼廷等（2014）讨论了在线销售供应链中供应商、平台以及电商卖家之间的博弈关系，研究结果表明，平台的存在增加了消费者的效用。王旭坪等（2017）研究了不同博弈结构对跨境电商双渠道供应链的影响，分析了三种博弈结构对价格、需求和利润的影响，研究发现，三种博弈结构下，境外供应商批发价格、利润及跨境电商利润随其主导地位的下降而逐渐降低。易余胤等（2018）研究了网络外部性和渠道结构的供应链延保服务模式，考虑了四种不同的渠道主导模型，分析了主导能力的影响。本章的研究与曼廷等（2014）的主要区别是本章降低了在线销售系统中供应商的作用，将其和电商卖家作为同一个参与者来考虑，强调了物流公司在在线销售过程中的作用，同时考虑了物流公司与平台的合作（如易贝与邮政，阿里巴巴与"三通一达"、顺丰，慧聪网与德邦，拼多多与天天等）；与王旭坪等（2017）、易余胤等（2018）的区别在于本章考虑了在线销售时参与成员为电商卖家、物流公司、平台三个参与者而不仅仅是两个，同时考虑了物流公司的物流服务（如物流配送时间、物流质量等）以及平台的服务（如商品信息广告、在线咨询等）。

3.2 模型描述

如图 3.1 所示，本章考虑一个电商卖家、一个在线销售平台（以下简称平台，如易贝、阿里巴巴、慧聪网、拼多多）和一个物流公司（如邮政、顺丰、德邦、天天）构成的在线销售系统。其中，电商卖家通过入驻平台销售产品，消费者通过平台获取商品信息、选择合适的商品，并在平台上下单，电商卖家通过平台提供的信息了解消费者的需求以及收货地址，然后通过物流公司按照消费者的需求发货给消费者，最后消费者收货并确定订单，交易结束。

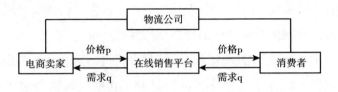

图 3.1　在线销售系统结构

3.2.1　需求函数

假设消费者效用 $u = v - p$，其中，v 表示消费者对产品符合其需求时的支付意愿，$p > 0$，为在线商品的零售价格。为了分析的简单，参考蒋等（2003）、瑞恩等（2012）的文献，假设 v 是 0 到 d 上的均匀分布。当消费者购买商品获得的效用满足 $u \geq 0$（即 $v - p \geq 0$）时，消费者会选择购买产品；否则，消费者不会购买产品。通过一些简单的积分计算，进一步可以得到消费者的需求为 $q = d - p$，其中 $0 \leq p \leq d$。

类似于蔡等（Tsay，2000）、蔡和阿格拉瓦尔（Tsay and Agrawal，2004）的文献，假设消费者需求对平台服务水平和物流服务水平敏感，电商卖家入驻平台（如易贝、淘宝、慧聪网等），平台负责商品的在线宣传以及销售，通过提供一定的在线服务 a（如商品信息广告、在线咨询等）吸引消费者，同时向电商卖家收取一定的入驻费用和单位商品的交易费；物流公司选择一定的物流服务 s（如物流配送时间、物流质量等），收取单位物流费用，同时负责将电商卖家提供的商品按照指定的地点发送到消费者手中。于是，消费者的需求为：

$$q = d - p + bs + ka \tag{3.1}$$

其中，d 为市场基本需求，b 表示消费者对物流服务敏感性，k 表示消费者对平台服务的敏感性。为了保证模型的有效性，假设所有参数均为正，并且假设

b < 1，k < 1，表示消费者对物流服务和平台服务的敏感性均低于价格的敏感性。

类似于蔡等（2000）、蔡和阿格拉瓦尔（2004）的文献，物流公司提高服务水平（比如以好的服务态度获得消费者的满意度、以快速的物流速度缩短物流时间等），所产生的服务成本为 $hs^2/2$，其中 h 是服务成本因子。同样，平台投入更多的商品广告、更详细的商品信息以及更满意的在线咨询，因此会产生一定的服务成本。参考刘等（Liu et al.，2014）、胡等（Hu et al.，2016）的文献，为了不失一般性，假设平台的广告服务成本为 $a^2/2$。为了保证最优决策的非负性，假设：

$$h - hk^2 - b^2 > 0 \tag{3.2}$$

3.2.2 利润函数

参考谢等（2014）、康等（Kong et al.，2013）以及朱等（Zhu et al.，2017）的文献，为了不失一般性，假设在线销售成员的运营成本为 0。于是，根据上面的描述，可以得到在线销售系统中各成员的收益函数分别为：

$$\pi_{e-r} = (p - w_1 - w_2 - c)q - f \tag{3.3}$$

$$\pi_{e-p} = w_1 q - \frac{1}{2}a^2 + f \tag{3.4}$$

$$\pi_{3pl} = w_2 q - \frac{1}{2}hs^2 \tag{3.5}$$

其中，c > 0，表示电商卖家的单位成本支出；w_1 表示电商卖家销售单位产品时平台收取的费用；f 表示电商卖家向平台支付的固定入驻费用；w_2 表示物流公司收取的单位物流费。e - r、e - p、3pl 分别表示电商卖家、平台、物流公司，π_{e-r} 表示电商卖家的利润。

参考科伯特等（1999）和穆霍帕迪亚等（2009）的文献，当 f > 0 时，表示电商卖家向平台支付的固定入驻费用（这在电商卖家与大型平台打交道时很常见）；当 f < 0 时，表示平台给予电商卖家的补贴（这往往出现在平台刚起

步阶段，为了吸引卖家入驻，同时吸引消费者购物）；当 f = 0 时，表示平台不收取固定入驻费用，也不向电商卖家提供补贴。

3.3 均衡分析

本节主要考虑斯坦伯格博弈和纳什博弈两种分散情况下电商卖家商品价格、平台服务水平和收费、物流公司服务水平和收费的最优决策。其中，在斯坦伯格博弈中，考虑到平台与物流公司的合作情况（易贝与邮政、慧聪网与德邦等），而平台与物流公司又分别作为独立的主体进行决策，而不是组成一个联合公司，当在线卖家选择入驻平台时，等于同时选择了物流公司。考虑到物流公司和平台具有同等能力的情况，因此，它们同时进行决策。在本章斯坦伯格博弈的研究中，考虑了物流—平台主导和电商主导两种情形。

3.3.1 物流—平台主导模型

在物流—平台主导的情况下，物流公司和平台分别根据物流服务水平或在线服务水平确定各自的收费，然后电商卖家根据物流公司和平台的决策确定商品价格。于是，物流—平台主导的模型如下：

$$\text{s. t.} \begin{cases} \max\limits_{(w_1,a)} \pi_{e-p} = w_1(d - p + bs + ka) - \dfrac{1}{2}a^2 + f \\[2mm] \max\limits_{(w_2,s)} \pi_{3pl} = w_2(d - p + bs + ka) - \dfrac{1}{2}hs^2 \\[2mm] \max\limits_{p} \pi_{e-r} = (p - w_1 - w_2 - c)(d - p + bs + ka) - f \end{cases} \quad (3.6)$$

根据逆向归纳法，先求出电商卖家的最优反应函数，于是有下面的命题 3.1。

命题 3.1 在物流—平台主导模型中，对于给定的物流服务水平 s、物流收费 w_2、平台在线服务水平 a、平台收费 w_1、平台固定入驻费用 f，商品的价格 p 为：

$$p = \frac{1}{2}(d + c) + \frac{1}{2}bs + \frac{1}{2}ka + \frac{1}{2}w_1 + \frac{1}{2}w_2$$

证明：将式（3.6）中的 π_{e-r} 对价格 p 求一阶偏导数，然后再求 π_{e-r} 关于价格 p 的二阶偏导数，因为 $\partial^2 \pi_{e-r}/\partial p^2 = -2 < 0$，所以 π_{e-r} 关于 p 是凹函数，因此，有唯一最优解。令一阶偏导数为零，可以得到一阶条件 $\partial \pi_{e-r}/\partial p = 0$，求解方程，于是可得电商卖家的最优反应函数。证毕。

命题 3.1 表明在物流—平台主导的情况下，电商卖家的最优价格与物流公司的物流服务水平、物流收费以及平台的在线服务水平、平台收费正相关，与平台固定入驻费用无关。这说明随着物流服务水平、在线服务水平的提升，物流收费、平台收费在提高，商品的零售价格也在提高。

将电商卖家的最优反应函数分别代入式（3.6）中平台和物流公司的利润函数 π_{e-p} 和 π_{3pl} 中，于是有：

$$\pi_{e-p} = \frac{1}{2}w_1(d + bs + ka - w_1 - w_2 - c) - \frac{1}{2}a^2 + f$$

$$\pi_{3pl} = \frac{1}{2}w_2(d + bs + ka - w_1 - w_2 - c) - \frac{1}{2}hs^2$$

将上面的两式分别对 a、w_1、s、w_2 求一阶偏导数，并令其为零，于是有一阶条件 $\partial \pi_{e-p}/\partial a = 0$、$\partial \pi_{e-p}/\partial w_1 = 0$、$\partial \pi_{3pl}/\partial s = 0$、$\partial \pi_{3pl}/\partial w_2 = 0$。联立方程组，并对这个四元一次方程组求解，于是可以得到最优的在线服务水平、平台收费以及物流服务水平、物流收费分别为：

$$a^* = \frac{kh(d - c)}{6h - hk^2 - b^2} \qquad s^* = \frac{b(d - c)}{6h - hk^2 - b^2}$$

$$w_1^* = \frac{2h(d - c)}{6h - hk^2 - b^2} \qquad w_2^* = \frac{2h(d - c)}{6h - hk^2 - b^2}$$

由假设条件（3.2）可知，上述最优结果均大于零。将最优的在线服务水平 a^*、物流服务水平 s^*、平台收费 w_1^* 以及物流收费 w_2^* 代入到电商卖家的最优反应函数中，于是得到最优的商品价格为：

$$p^* = \frac{5h(d - c)}{6h - hk^2 - b^2} + c$$

最后，将最优价格 p^*、在线服务水平 a^*、物流服务水平 s^*、平台收费 w_1^* 以及物流收费 w_2^* 分别代入到平台和物流公司的利润函数 π_{e-p} 和 π_{3pl} 中，于是可以得到平台和物流公司的最优利润函数分别为：

$$\pi_{e-p}^* = \frac{h^2(d-c)^2(4-k^2)}{2(6h-hk^2-b^2)^2} + f$$

$$\pi_{3pl}^* = \frac{h(d-c)^2(4h-b^2)}{2(6h-hk^2-b^2)^2}$$

3.3.2 电商主导模型

在电商主导模型中，电商卖家先入驻平台销售商品，同时也确定了物流公司，电商卖家确定商品价格，物流公司和平台根据电商卖家所确定的商品价格确定各自的决策。电商主导模型如下：

$$\text{s.t.} \begin{cases} \max_p \pi_{e-r} = (p - w_1 - w_2 - c)(d - p + bs + ka) - f \\ \max_{(w_1,a)} \pi_{e-p} = w_1(d - p + bs + ka) - \frac{1}{2}a^2 + f \\ \max_{(w_2,s)} \pi_{3pl} = w_2(d - p + bs + ka) - \frac{1}{2}hs^2 \end{cases} \tag{3.7}$$

为了不失一般性，假设：

$$p = w_1 + w_2 + c + m \tag{3.8}$$

其中 $m > 0$，表示电商卖家的边际利润。根据逆向求解法，先求出平台和物流公司的最优反应函数，于是有下面的命题3.2。

命题3.2 在电商主导模型中，给定商品价格 p，物流公司和平台的最优反应函数分别为：

$$a = \frac{kh(d-p)}{h - hk^2 - b^2} \quad w_1 = \frac{h(d-p)}{h - hk^2 - b^2}$$

$$s = \frac{b(d-p)}{h - hk^2 - b^2} \quad w_2 = \frac{h(d-p)}{h - hk^2 - b^2}$$

证明：和命题3.1类似。将式（3.8）分别代入式（3.7）的 π_{e-p} 和 π_{3pl} 中，

在给定价格 p 的条件下，对 π_{e-p} 分别求 a、w_1 的一阶偏导数，对 π_{3pl} 分别求 s、w_2 的一阶偏导数，进而可以求出 π_{e-p} 对 a 和 w_1、π_{3pl} 对 s 和 w_2 的二阶偏导数，

于是有海塞矩阵 $H_1 = \begin{vmatrix} \dfrac{\partial^2 \pi_{e-p}}{\partial w_1^2}, & \dfrac{\partial^2 \pi_{ep}}{\partial w_1 \partial a} \\[2mm] \dfrac{\partial^2 \pi_{ep}}{\partial a \partial w_1}, & \dfrac{\partial^2 \pi_{ep}}{\partial a^2} \end{vmatrix} = 2 - k^2$，$H_2 = \begin{vmatrix} \dfrac{\partial^2 \pi_{3pl}}{\partial w_2^2}, & \dfrac{\partial^2 \pi_{3pl}}{\partial w_2 \partial s} \\[2mm] \dfrac{\partial^2 \pi_{3pl}}{\partial s \partial w_2}, & \dfrac{\partial^2 \pi_{3pl}}{\partial s^2} \end{vmatrix} = 2h - b^2 > 0$，

因此，π_{e-p} 关于 a、w_1 是联合凹的，π_{3pl} 关于 s、w_2 是联合凹的。令一阶偏导数为零，于是得到一阶条件 $\partial \pi_{e-p}/\partial a = 0$、$\partial \pi_{e-p}/\partial w_1 = 0$、$\pi_{3pl}/\partial s = 0$ 和 $\pi_{3pl}/\partial w_2 = 0$，对这些方程所组成的方程组联合求解，得到命题 3.2。证毕。

命题 3.2 给出了电商主导情况下物流公司和平台的最优决策，由此可以看出物流公司的服务水平、收费以及平台的在线服务水平、收费与电商卖家的价格负相关。这表明在电商主导情况下，随着商品价格的降低，物流公司和平台会降低服务水平，同时减少单位收费。

假设（3.2）保证了命题 3.2 中的结果都是大于零的。将命题 3.2 中的结果代入式（3.7）中电商卖家的利润函数 π_{e-r}，可得：

$$\pi_{e-r} = \frac{h(d-p)}{h - hk^2 - b^2}\left(p - c - \frac{2h(d-p)}{h - hk^2 - b^2}\right) - f$$

然后将 π_{e-r}（p）对 p 求一阶偏导数并令其为零，于是得到一阶条件 $\partial \pi_{e-r}/\partial p = 0$，对这个方程求解，得到最优的商品价格为：

$$p^* = \frac{h(d-c)}{3h - hk^2 - b^2} + \frac{1}{2}(d + c)$$

将最优的商品价格分别代入命题 3.2 中物流公司和平台的最优反应函数，可得最优的在线服务水平 a^*、物流服务水平 s^*、平台收费 w_1^* 以及物流收费 w_2^* 如下：

$$a^* = \frac{hk(d-c)}{6h - 2hk^2 - 2b^2} \qquad w_1^* = \frac{h(d-c)}{6h - 2hk^2 - 2b^2}$$

$$s^* = \frac{b(d-c)}{6h - 2hk^2 - 2b^2} \qquad w_2^* = \frac{h(d-c)}{6h - 2hk^2 - 2b^2}$$

将最优的商品价格 p^*、在线服务水平 a^*、物流服务水平 s^*、平台收费 w_1^*

以及物流收费 w_2^* 代入到电商卖家的利润函数中，于是得到电商卖家的最优利润为：

$$\pi_{e-r}^* = \frac{h(d-c)^2}{4(3h-hk^2-b^2)} - f$$

3.3.3 纳什博弈模型

在纳什博弈模型中，电商卖家、平台、物流公司三者在市场中的地位是平等的，同时进行各自的决策。其中，电商卖家确定商品价格，平台确定在线服务水平和平台收费，物流公司确定物流服务水平和物流收费。纳什博弈模型如下：

$$\begin{cases} \max_{p} \pi_{e-r} = (p-c)(d-p+bs+ka) - f \\ \max_{(w_1,a)} \pi_{e-p} = w_1(d-p+bs+ka) - \frac{1}{2}a^2 + f \\ \max_{(w_2,s)} \pi_{3pl} = w_2(d-p+bs+ka) - \frac{1}{2}hs^2 \end{cases} \tag{3.9}$$

由于命题 3.1 中给出了电商卖家的最优反应函数，命题 3.2 中给出了平台和物流公司的最优反应函数，同时解命题 3.1 和命题 3.2 中最优反应函数所组成的五元一次方程组，于是得到下面的命题 3.3。

命题 3.3 在纳什博弈模型中，最优的商品价格 p^*、平台在线服务水平 a^*、平台收费 w_1^* 以及物流服务水平 s^*、物流收费 w_2^* 分别为：

$$a^* = \frac{kh(d-c)}{4h-hk^2-b^2} \quad w_1^* = \frac{h(d-c)}{4h-hk^2-b^2} \quad s^* = \frac{b(d-c)}{4h-hk^2-b^2}$$

$$w_2^* = \frac{h(d-c)}{4h-hk^2-b^2} \quad p^* = \frac{3h(d-c)}{4h-hk^2-b^2} + c$$

证明：将式（3.9）中的 π_{3pl} 分别对 s 和 w_2 求一阶偏导数，π_{e-p} 分别对 a 和 w_1 求一阶偏导数，π_{e-r} 对 p 求一阶偏导数，进而可得一阶条件 $\pi_{3pl}/\partial s = 0$、$\pi_{3pl}/\partial w_2 = 0$、$\partial \pi_{e-p}/\partial a = 0$、$\partial \pi_{e-p}/\partial w_1 = 0$ 和 $\pi_{e-r}/\partial p = 0$，对联立方程组求解，于是可得命题 3.3 中的结果。证毕。

命题 3.3 给出了纳什博弈情况下在线销售系统成员的最优决策。将最优的商品价格 p^*、平台在线服务水平 a^*、平台收费 w_1^* 以及物流服务水平 s^*、物流价格 w_2^* 分别代入式（3.9）中的利润函数，于是可以得到电商卖家、平台、物流公司的利润分别为：

$$\pi_{e-r}^* = \frac{h^2(d-c)^2}{(4h-hk^2-b^2)^2} - f$$

$$\pi_{e-p}^* = \frac{h^2(d-c)^2(2-k^2)}{2(4h-hk^2-b^2)^2} + f$$

$$\pi_{3pl}^* = \frac{h(d-c)^2(2h-b^2)}{2(4h-hk^2-b^2)^2}$$

综上三种博弈情况，为了保证电商卖家利润和平台利润非负，令：

$$f_1 = \min\left\{\frac{h^2(2-k^2)(d-c)^2}{8(3h-hk^2-b^2)^2}, \frac{h^2(4-k^2)(d-c)^2}{2(6h-hk^2-b^2)^2}\right\} \tag{3.10}$$

$$f_2 = \frac{h^2(d-c)^2}{(6h-hk^2-b^2)^2} \tag{3.11}$$

由假设条件（3.2）以及 $k<1$ 可知 $f_1>0$、$f_2>0$。于是平台的固定收费 f 需要满足条件：

$$-f_1 \leqslant f \leqslant f_2 \tag{3.12}$$

当 $0 \leqslant f \leqslant f_2$ 时，表示平台对电商卖家收取一定的入驻费用；当 $-f_1 \leqslant f \leqslant 0$ 时，表示平台对电商卖家采取补贴政策，这种情况一般出现在平台刚起步阶段或者大促销时期。

3.4 最优结果的比较和敏感性分析

在本节中，首先给出上面讨论的三种模型的所有最优决策、最优利润以及消费者的需求量，然后对主要参数进行敏感性分析，得出一些重要的性质。之后，通过数值算例对博弈结构进行分析，得到一些有意义的管理启示。

3.4.1 最优解的比较和分析

为了更好地比较在线销售系统成员的最优决策和利润，表 3.1 中给出了三种模型的均衡解和最优利润。

表 3.1　　　　　　　　　　　三种模型的均衡解和利润

项目	物流—平台主导	电商主导	纳什博弈
a^*	$\dfrac{hk(d-c)}{6h-hk^2-b^2}$	$\dfrac{hk(d-c)}{6h-2hk^2-2b^2}$	$\dfrac{kh(d-c)}{4h-hk^2-b^2}$
s^*	$\dfrac{b(d-c)}{6h-hk^2-b^2}$	$\dfrac{b(d-c)}{6h-2hk^2-2b^2}$	$\dfrac{b(d-c)}{4h-hk^2-b^2}$
w_1^*	$\dfrac{2h(d-c)}{6h-hk^2-b^2}$	$\dfrac{h(d-c)}{6h-2hk^2-2b^2}$	$\dfrac{h(d-c)}{4h-hk^2-b^2}$
w_2^*	$\dfrac{2h(d-c)}{6h-hk^2-b^2}$	$\dfrac{h(d-c)}{6h-2hk^2-2b^2}$	$\dfrac{h(d-c)}{4h-hk^2-b^2}$
p^*	$\dfrac{5h(d-c)}{6h-hk^2-b^2}+c$	$\dfrac{h(d-c)}{3h-hk^2-b^2}+\dfrac{1}{2}(d+c)$	$\dfrac{3h(d-c)}{4h-hk^2-b^2}+c$
q^*	$\dfrac{h(d-c)}{6h-hk^2-b^2}$	$\dfrac{h(d-c)}{6h-2hk^2-2b^2}$	$\dfrac{h(d-c)}{4h-hk^2-b^2}$
π_{e-r}^*	$\dfrac{h^2(d-c)^2}{(6h-hk^2-b^2)^2}-f$	$\dfrac{h(d-c)^2}{4(3h-hk^2-b^2)}-f$	$\dfrac{h^2(d-c)^2}{(4h-hk^2-b^2)^2}-f$
π_{e-p}^*	$\dfrac{h^2(d-c)^2(4-k^2)}{2(6h-hk^2-b^2)^2}+f$	$\dfrac{h^2(d-c)^2(2-k^2)}{8(3h-hk^2-b^2)^2}+f$	$\dfrac{h^2(d-c)^2(2-k^2)}{2(4h-hk^2-b^2)^2}+f$
π_{3pl}^*	$\dfrac{h(d-c)^2(4h-b^2)}{2(6h-hk^2-b^2)^2}$	$\dfrac{h(d-c)^2(2h-b^2)}{8(3h-hk^2-b^2)^2}$	$\dfrac{h(d-c)^2(2h-b^2)}{2(4h-hk^2-b^2)^2}$

通过表 3.1 可以看出，在三种模型中，当参数 $h=1$、$k=b$ 时，物流公司的最优物流服务水平和平台最优在线服务水平是相同的（$s^*=a^*$）；当参数 k 与 b 不同时，虽然它们各自服务水平不同（$s^*\neq a^*$），但是它们的最优收费仍然是相同的（$w_2^*=w_1^*$），于是有下面的性质 3.1。

性质 3.1 无论在何种博弈情况下，都有 $w_1^* = w_2^*$。

证明：通过表 3.1 给出的最优结果直接观察即可。证毕。

性质 3.1 说明在不同的博弈情况下，当物流公司和平台同时决策时，它们的最优收费没有区别，不会因为成本投入的不同而发生改变。

性质 3.2 无论在何种博弈情况下，都有 $\dfrac{\partial p^*}{\partial d} > 0$、$\dfrac{\partial a^*}{\partial d} > 0$、$\dfrac{\partial s^*}{\partial d} > 0$、

$\dfrac{\partial w_1^*}{\partial d} > 0$、$\dfrac{\partial w_2^*}{\partial d} > 0$、$\dfrac{\partial q^*}{\partial d} > 0$、$\dfrac{\partial \pi_j^*}{\partial d} > 0$。其中，$j = \{e-r, e-p, 3pl\}$。

证明：首先证明 $\dfrac{\partial p^*}{\partial d} > 0$。

在物流—平台主导的情况下，将最优价格 p^* 对求参数 d 求一阶偏导数，于是有 $\dfrac{\partial p^*}{\partial d} = \dfrac{5h}{6h - hk^2 - b^2} > 0$；在电商主导的情况下有 $\dfrac{\partial p^*}{\partial d} = \dfrac{h}{3h - hk^2 - b^2} + \dfrac{1}{2} > 0$；在纳什博弈情况下有 $\dfrac{\partial p^*}{\partial d} = \dfrac{3h}{4h - hk^2 - b^2} > 0$。所以，无论在何种博弈情况下，商品的最优价格随着市场基本需求的增加而增加，其他同理可得。证毕。

性质 3.2 说明不论主导情况如何，商品的最优价格、平台和物流公司的最优的收费以及服务水平随着市场基本需求的增加而增加。此外，在线销售系统中各成员的利润也随市场基本需求的增加而增加。

为了更加形象地说明 d 对三种模型中最优解的影响，下面给出一些数值算例。参考魏等（2013）和李等（2016）的文献，在满足假设条件（3.2）的情况下，选取参数 $k = 0.6$、$b = 0.5$、$h = 5$、$c = 20$、$f = 0$、$d \in \{100, 120, 140, 160, 180, 200\}$。从图 3.2（a）~（c）中可以看出，在模型（3.6）中，w_i^*、p^*、a^*、s^* 以及产品的需求量 q^* 随着 d 的增加而增加，图 3.2（d）说明在线销售系统中的三个成员的利润也随着 d 的增加而增加。类似地，在模型（3.7）、模型（3.9）中可以得到相同的结果。

类似地，通过对电商卖家单位成本 c 的分析，可以得到下面的性质 3.3。

性质 3.3 无论在何种博弈情况下，都有 $\dfrac{\partial p^*}{\partial c} > 0$、$\dfrac{\partial a^*}{\partial c} < 0$、$\dfrac{\partial s^*}{\partial c} < 0$、$\dfrac{\partial w_1^*}{\partial c} < 0$、

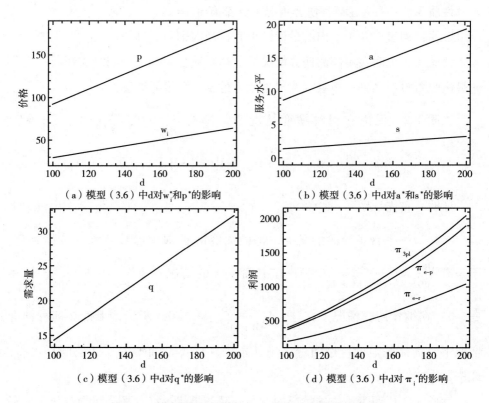

图 3.2　基本需求对模型（3.6）中均衡结果的影响

$\dfrac{\partial w_2^*}{\partial c}<0$、$\dfrac{\partial q^*}{\partial c}<0$、$\dfrac{\partial \pi_j^*}{\partial c}<0$。

证明：首先证明$\dfrac{\partial p^*}{\partial c}>0$。

在物流—平台主导的情况下，将最优价格 p^* 对求参数 d 求一阶偏导数，于是有$\dfrac{\partial p^*}{\partial c}=\dfrac{h-hk^2-b^2}{6h-hk^2-b^2}>0$；在电商主导的情况下有$\dfrac{\partial p^*}{\partial c}=\dfrac{h}{2(3h-hk^2-b^2)}>0$；在纳什博弈情况下有$\dfrac{\partial p^*}{\partial c}=\dfrac{h-hk^2-b^2}{4h-hk^2-b^2}>0$。所以，无论在何种博弈情况下，商品的最优价格随着 c 的增加而增加。

其他结果同理可得。证毕。

性质 3.3 说明商品的最优价格随着 c 的增加而增加，平台和物流的收费以及服务水平随着 c 的增加而减少。c 对在线销售系统中各成员的利润同样产生了重要影响，即随着 c 的增加，各成员的利润减少。

性质 3.4 无论在何种博弈情况下，都有 $\dfrac{\partial p^*}{\partial b}>0$、$\dfrac{\partial a^*}{\partial b}>0$、$\dfrac{\partial s^*}{\partial b}>0$、$\dfrac{\partial w_1^*}{\partial b}>0$、$\dfrac{\partial w_2^*}{\partial b}>0$、$\dfrac{\partial q^*}{\partial b}>0$、$\dfrac{\partial \pi_j^*}{\partial b}>0$。

证明：和性质 3.2 类似。证毕。

性质 3.4 说明产品的最优价格、需求量、平台和物流公司的最优决策随着物流服务水平敏感系数 b 的增加而增加。此外，在线销售系统中各成员的利润也随物流服务水平敏感系数 b 的增加而增加。

性质 3.5 无论在何种博弈情况下，都有 $\dfrac{\partial p^*}{\partial k}>0$、$\dfrac{\partial a^*}{\partial k}>0$、$\dfrac{\partial s^*}{\partial k}>0$、$\dfrac{\partial w_1^*}{\partial k}>0$、$\dfrac{\partial w_2^*}{\partial k}>0$、$\dfrac{\partial q^*}{\partial k}>0$、$\dfrac{\partial \pi_j^*}{\partial k}>0$。

证明：和性质 3.2 类似。证毕。

性质 3.5 说明商品的最优价格与需求量、平台和物流公司的最优决策随着平台服务敏感系数 k 的增加而增加。此外，在线销售系统中各成员的利润也随着平台服务敏感系数 k 的增加而增加。

为了更加直观地发现参数 k 和 b 对最优决策的影响，下面给出一些关于 k 和 b 敏感性分析的数值算例。首先固定 k = 0.6，假设 d = 180、h = 5、c = 20、f = 0，考虑 b ∈ {0.5, 0.55, 0.6, 0.65, 0.7, 0.75, 0.8}。从图 3.3（a）~（d）中可以看出，在模型（3.6）中，最优决策 w_i^*、p^*、a^*、s^*、q^* 以及在线销售系统中的三个成员的利润随着 b 的增加而增加，在模型（3.7）、模型（3.9）中可以得到相同的结果。然后固定 b = 0.5，假设 d = 180、h = 5、c = 20、f = 0，考虑 k ∈ {0, 4, 0.45, 0.5, 0.55, 0.6, 0.65, 0.7}，从图 3.4（a）~（d）中可以看出，在模型（3.6）中，最优决策 w_i^*、p^*、a^*、s^*、q^* 以及在线销售系统中三个成员的利润随着 k 的增加而增加。类似地，在模型（3.7）、模型（3.9）中可以得到相同的结果。

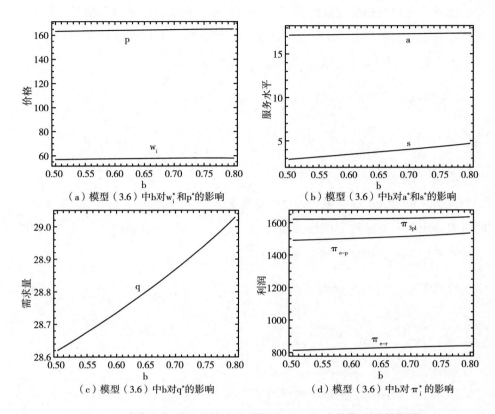

（a）模型（3.6）中b对w_i^*和p^*的影响

（b）模型（3.6）中b对a^*和s^*的影响

（c）模型（3.6）中b对q^*的影响

（d）模型（3.6）中b对π_i^*的影响

图3.3　消费者物流服务敏感性对模型（3.6）中均衡结果的影响

性质 3.6　无论在何种博弈情况下，都有 $\dfrac{\partial p^*}{\partial h} < 0$、$\dfrac{\partial a^*}{\partial h} < 0$、$\dfrac{\partial s^*}{\partial h} < 0$、$\dfrac{\partial w_1^*}{\partial h} < 0$、

$\dfrac{\partial w_2^*}{\partial h} < 0$、$\dfrac{\partial q^*}{\partial h} < 0$、$\dfrac{\partial \pi_j^*}{\partial h} < 0$。

证明：和性质 3.3 类似。证毕。

性质 3.6 说明商品的最优价格、需求量、平台和物流公司的最优决策随着 h 的增加而减少。h 对在线销售系统中各成员的利润同样产生了重要影响，即随着 h 的增加，各成员的利润减少。

下面给出一些关于参数 h 敏感性分析的一些算例分析。假设 d = 180、b = 0.5、k = 0.6、c = 20、f = 0，考虑 h ∈ {1，2，3，4，5}。从图 3.5（a）～（d）中可以看出，在模型（3.6）中，最优决策 w_i^*、p^*、a^*、s^* 以及 q^* 随着 h 的

增加而减少，在线销售系统中的三个成员的利润也随着 h 的增加而减少。类似地，在模型（3.7）、模型（3.9）中，可以得到相同的结果。

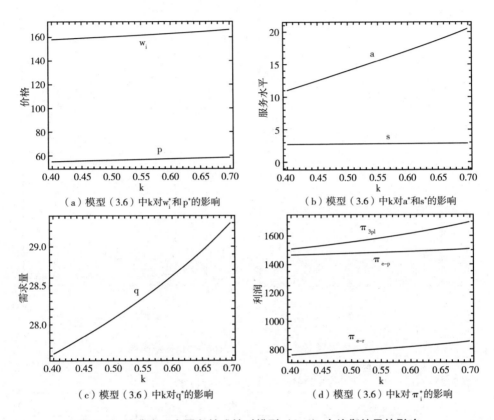

（a）模型（3.6）中k对w_i^*和p^*的影响　　（b）模型（3.6）中k对a^*和s^*的影响

（c）模型（3.6）中k对q^*的影响　　（d）模型（3.6）中k对π_i^*的影响

图 3.4　消费者平台服务敏感性对模型（3.6）中均衡结果的影响

3.4.2　博弈结构分析

下面通过数值算例来说明博弈结构对在线销售成员的影响，同时给出一些管理意义。

参考魏等（2013）和李等（2016）的文献，在满足假设条件（3.2）的情况下，选取模型中的参数分别为 $d = 180$、$h = 5$、$c = 20$、$f = 0$、$k = 0.6$、$b = 0.5$，相关的结果在表 3.2 和表 3.3 中给出。

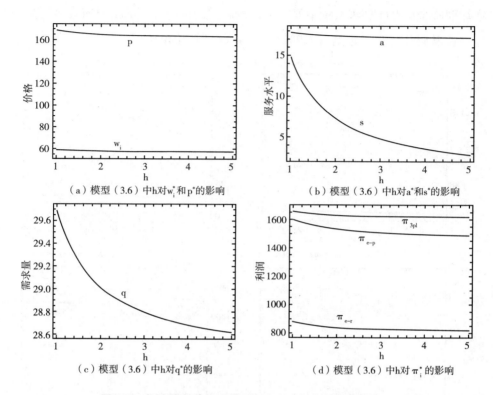

（a）模型（3.6）中h对w_i^*和p^*的影响　　（b）模型（3.6）中h对a^*和s^*的影响

（c）模型（3.6）中h对q^*的影响　　（d）模型（3.6）中h对π_i^*的影响

图3.5　物流服务效率对模型（3.6）中均衡结果的影响

表3.2　　　　　　　　　　　不同博弈结构下的最优决策

决策方案	p^*	w_1^*	w_1^*	q^*	a^*	s^*
物流—平台主导	163.113	57.245	57.245	28.623	17.174	2.862
电商主导	117.066	30.888	30.888	30.888	18.533	3.089
纳什博弈	153.705	44.568	44.568	44.568	26.741	4.457

表3.3　　　　　　　　　不同博弈结构下各成员的最优利润和总利润

决策方案	π_{e-r}^*	π_{e-p}^*	π_{3pl}^*	$\pi^* = \pi_{e-r}^* + \pi_{e-p}^* + \pi_{3pl}^*$
物流—平台主导	819.25	1491.03	1618.02	3928.3
电商主导	2471.04	782.34	930.22	4183.6
纳什博弈	1986.33	1628.79	1936.67	5551.79

从表3.2中可以得出：

结论3.1　在三种模型中，物流—平台主导模型的平台和物流公司付出较低的服务水平，却收取较高的费用。

结论 3.1 说明，平台和物流公司处于较高的地位时，会制定比较高的收费，同时付出较少的努力。这对电商卖家是不利的，会提高产品的零售价格，同时，产品价格的提高和服务水平的降低也会打击消费者购买的积极性。

结论 3.2 对电商卖家而言，在电商主导模型中，最优零售价格最低；在物流—平台主导模型中，最优零售价格最高。

结论 3.2 说明，当电商卖家地位较高时，为了获取更多的利润，其会制定较低的零售价格，这对消费者是有利的，同时也提升消费者了的购买欲望；当电商卖家地位较低时，其会制定较高的零售价格，这对消费者是不利的。

从表 3.3 中可以得出：

结论 3.3 在物流—平台主导模型中，电商卖家的利润最低；而在电商主导模型中，电商卖家的利润最高。

结论 3.3 说明电商卖家的最优利润和自身的主导能力正相关，当主导能力高时，电商卖家的利润也高；当主导能力低时，电商卖家的利润也低。

结论 3.4 在电商主导模型中，平台和物流公司获得最少的利润；在纳什博弈模型中，平台和物流公司则获得最多的利润。

结论 3.4 说明平台和物流公司在主导能力最大时并不能获得最高利润，但是其在主导能力较低时一定获得最少的利润。

3.5 本章小结

本章以易贝与邮政、慧聪网与德邦、拼多多与天天等平台与物流公司合作为对象，研究了一个包含电商卖家、在线销售平台和物流公司的在线销售系统，其中，平台和物流公司是同时决策的。分析了三种不同的分散决策博弈模型：电商主导模型、物流—平台主导模型和纳什博弈模型，通过对三种模型的分析，得出了三种情况下在线销售参与成员的最优决策和最优利润，通过一些主要参数的分析反映了它们对商品价格、收费标准、努力程度以及成员最优利润的影响。最后，通过数值算例分析了主导能力对在线销售成员的影响，进而得到一些有价值的管理意义。

一些主要参数的分析表明，当消费者对平台和物流公司服务敏感性较强时，平台和物流公司应增加服务投入；当消费者对平台和物流公司服务敏感性较弱时，平台和物流公司应减少服务投入。当物流服务效率较低时，物流公司会降低服务水平；当物流服务效率较高时，物流公司会提高服务水平。研究结果表明，当平台和物流公司同时决策时，即使他们的服务投入不相同，但最优收费相同。主导能力对在线销售成员和消费者也有很大的影响。对电商卖家而言，当主导能力较强时，其会制定较低的零售价格，并获得最多的利润，同时，较低的零售价格有利于刺激消费者的购买欲望，因此能够提升消费者的积极性；当主导能力较低时，电商卖家会制定较高的零售价格（这是由于平台、物流公司高收费造成的成本增加的原因），并获得最少的利润。对平台和物流公司而言，当其主导能力较强时，会制定比较高的收费，同时付出较少的努力，而这对电商卖家是不利的，同时还会打击消费者的积极性，然而最大的主导能力并不能获得最高的利润，这是因为平台和物流公司同时决策时，彼此之间也存在竞争，但是，当其主导能力较低时，他们一定获得最少的利润。纳什模型中，平台和物流公司会付出最大的努力，同时获得最大的利润，而整个在线销售系统的总利润也是最大的；而在物流—平台主导模型中，平台和物流公司付出的努力最少，而整个在线销售系统的总利润也是最少的。

本章考虑了代理模式下平台与物流公司的决策问题，下一章将考虑自营模式下平台与物流公司之间的预测信息共享问题。由于市场需求具有不确定性，而在线销售系统成员能够通过已有信息对不确定的市场进行需求预测，当需求预测信息不对称时，平台与物流公司之间信息共享是下一章要解决的问题。

第 4 章

自营模式下平台与物流公司
预测信息共享的策略研究

4.1 引　　言

第 3 章研究了一个由电商卖家、平台和物流公司构成的在线销售系统，为了能提供更好的服务，平台与物流公司合作，两者同时决策。而在现实生活中，市场需求信息具有不确定性，特别是像近些年一些平台举行了一些促销活动，如天猫"双十一"、京东"618"，还有一些节假日期间，如中秋、春节，市场需求会急剧增加，进而造成了物流配送难的问题。特别是早期实施促销活动时，甚至出现了物流瘫痪的现象。针对这种情况，平台和物流公司之间的信息交流是很有必要的。

由于平台更接近于消费者，同时能够积累大量的销售数据以及客户信息，对这些数据进行专门的技术分析和加工，可以将其转化为消费者对产品未来的需求信息。这种借助信息技术来预测产品需求的方法可以有效地降低市场不确定性对在线销售系统成员决策造成的不利影响（Shang et al.，2016）。在线销售系统成员通过预测市场需求信息，彼此进行信息共享，有助于物流企业合理地组织、安排产品的运输和配送，进而可以缓解因需求突然增大而出现的配送难问题。陈（2003）通过数学模型分析了信息共享的一些好处。然而，基于传统供应链的研究发现，制造商十分乐意分享其需求信息，而零售商却往往不愿意分享。阿德沃勒（Adewole，2005）指出英国服装零售商不愿意与供应商分享信息，认为那些供应商会把信息提供给正在供应的竞争对手，并且有意、无意地泄露敏感信息。安纳德和戈亚尔（Anand and Goyal，2009）提供了几个信息泄露及公司不愿分享信息的证据。据弗雷斯特研究（Forrester Research）在 2006 年的一项调查显示，89 个被调查的零售商只有 27% 的愿意分享信息。康等（2013）指出当信息有价值时，信息共享和泄密的议题最突出，在一个供应链中，被需求信息经常是非常有价值的。

　　一些文献重点研究了供应链中制造商和零售商同时进行需求信息预测的情况。岳和刘（2006）研究了双渠道供应链中的需求预测信息共享问题，考虑了订货型生产和备货型生产两种方案，分析了需求预测信息共享的价值。米什拉等（2009）研究了一个制造商和一个零售商之间需求预测信息共享问题，制造商设计了一个特殊的批发价折扣合同促使零售商进行信息共享，进而达到帕累托最优信息共享均衡。张等（2015）研究了多种信息共享情况下救济物品的定价与广告，分析了制造商与零售商之间信息共享的条件。严等（2016）研究了制造商和零售商进行合作广告的双渠道供应链中的需求预测信息共享问题，分析了合作广告对信息共享的影响。但斌等（2016）研究了制造商竞争的集团采购供应链需求预测信息的共享与激励，分析了竞争强度、信息精度和市场波动对信息共享价值的影响，进而提出了信息共享激励策略。卞等（Bian et al.，2016）研究了两条竞争的供应链模型，分析了一条供应链内的需求信息共享问题以及其对另一条供应链的影响。张和熊（2017）研究了闭环供应链中的需求信息共享问题，分析了需求预测信息对供应链成员的影响。

　　由于在线销售过程中同样存在着信息不对称的情况，因此，少量学者也开始从事于在线销售中需求预测信息共享的研究。滕文波和庄贵军（2011）研究了基于电子渠道需求预测的渠道模式选择，分析了不同模式下的信息共享策略。罗春林等（2017）研究了两个竞争的制造商通过同一个网络平台销售产品的需求信息分享问题，分析了网络平台销售模式下，信息共享对网络平台、制造商的影响，同时还分析了制造商不同规模经济下，网络平台信息共享的价值。赵等（2018）研究了一个在线零售商和多个供应商之间的信息共享，分析了信息共享前后供应链中的牛鞭效应和供应商库存水平的变化，进而分析信息共享的价值。沙尔等（2019）研究了通过使用用户的在线信息（如搜索流量或社交网络份额）进行需求预测的问题，分析了在线平台数据在支持运营决策方面的作用。上述文献分析了在线销售过程中的需求预测信息共享问题，同时考虑了两个或多个供应商（制造商），但是仅考虑了在线销售系统中一个成员（网络平台或者在线零售商）能够进行市场需求预测，忽略了另一个参与成员同样能够利用以往的销售数据和自己对当前市场行情的判断进行需求信息预测。由于在线销售存在一定的退货现象，因此，消费者的退货行为对在线销售系统成员的信息共享是否会产生一定的影响，这在上述文献中也没有提到。

　　本章以当当与邮政、网易考拉与顺丰等平台与物流公司合作为对象，研究了自营模式下平台与物流公司预测信息共享策略问题。考虑了一个由在线销售平台（以下简称平台，如当当、网易考拉等）和物流公司（如邮政、顺丰等）构成的在线销售系统，其中，平台和物流公司都进行需求信息预测，由于平台拥有更多的信息，因此，平台会有一个策略性选择。本章主要分析了以下问题：平台会不会与物流公司进行需求预测信息共享？如果会，在什么条件下共享？如果不会，能否设计一个机制促进在线销售系统成员之间的信息共享？消费者的退货率、物流公司的服务效率、预测信息的精确性以及在线销售系统成员信息预测的相关性对在线销售系统成员有什么样的影响？消费者的退货率对在线销售系统成员之间的信息共享会产生什么样的影响？与以往研究的区别在于，本章发现无条件信息共享并不是总对平台不利，而是与物流公司的服务效率有关。当物流公司服务效率很高时，平台能够从信息共享中获利，因此，平台会自愿参与信息共享。此外，消费者退货率的提高会降低在线销售系统成员之间信息共享的意愿。

4.2　模型描述

　　如图 4.1 所示，本章分析一个由在线销售平台（以下简称平台）和一个物流公司构成的在线销售系统。其中，平台低价采购产品，在自己的平台上高价销售，消费者通过平台选择其所需要的产品，并且下单购买，然后平台通过物流公司将网上的订单发送给消费者。

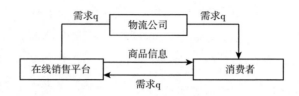

图 4.1　在线销售系统结构

假设消费者效用 $u = v - p$，其中，v 表示消费者对产品符合其需求时的支付意愿；$p > 0$，为在线产品的零售价格。为了分析的简单，参考蒋等（2003）、瑞恩等（2012）的文献，假设 v 是 0 到 a 上的均匀分布。当消费者购买商品获得的效用满足 $u \geq 0$（即 $v - p \geq 0$）时，消费者会选择购买产品；否则，消费者不会购买产品。通过简单的积分计算，进一步得到消费者的需求为 $q = a - p$，其中 $0 \leq p \leq a$。

参考蔡等（2000）、蔡和阿格拉瓦尔（2004）的文献，假设消费者对物流服务是敏感的。假设物流公司选择一定的物流服务（比如以好的服务态度获得消费者的满意度、以快速的物流速度缩短物流时间等），于是当物流公司提高配送服务水平时，消费者需求为：

$$q = a - p + bs \tag{4.1}$$

其中，a 表示市场潜在需求，是一个随机变量；s 表示物流服务水平；b 表示消费者物流服务敏感性。为了保证模型的有效性，假设所有参数均为正。物流公司能够通过自己的努力，在配送的过程中对产品轻拿轻放，避免产品的挤压，并加快配送速度，使商品能够更快速地送达到消费者手中，因此会产生一定的额外成本。类似于蔡等（2000）、蔡和阿格拉瓦尔（2004）的文献，假设物流公司提高服务水平所产生的服务成本为 hs^2，其中，h 是物流公司的服务成本因子。当 $h < 1$ 时，表示物流公司的服务效率比较高，投入较少的成本会获得相对较多的产出；当 $h > 1$ 时，表示物流公司的服务效率比较低，投入较多的成本获得相对较少的产出；当 $h = 1$ 时，表示物流公司的服务效率一般。

由于市场需求是不确定的，参考温克勒（Winkler，1981）、岳等（2006）和米什尔等（Mishr et al.，2009）的文献，假设 $a = a_0 + \varepsilon$，其中，a_0 表示初始市场的平均需求，ε 表示市场的不确定性。假设 ε 是一个服从正态分布的随机变量，均值为 0，方差为 σ_0^2。为了保证需求的非负性，假设 a_0 是相较于 σ_0^2 的一个充分大的数。平台和物流公司可以根据以往的销售数据和当前的市场行情对不确定的市场需求进行预测。假设物流公司和平台对 a 的预测分别为 f_1 和 f_e，且满足：

$$f_1 = a + \varepsilon_1$$
$$f_e = a + \varepsilon_e \tag{4.2}$$

其中，ε_1 和 ε_e 分别表示物流公司和平台的预测偏差，假设 ε_1 和 ε_e 独立于市场潜在需求 a，服从正态分布，均值都为 0，方差分别为 σ_1^2 和 σ_e^2。方差 σ_i^2（$i = 1, e$）越大，说明预测精度越低；反之，亦然。由于物流公司和平台在预测的过程中使用的技术和历史数据有一定的相似性，因此，假设预测偏差 ε_1 和 ε_e 是协相关的，相关系数为 ρ（$0 \leq \rho \leq 1$）。ρ 的大小取决于预测过程中的数据和方法的相似度，相似度越高，ρ 就越大；反之，亦然。类似于温克勒（1981）、岳等（2006）和米什尔等（2009）的文献，假设 $\rho\sigma_e\sigma_1 \leq \sigma_e^2$、$\rho\sigma_e\sigma_1 \leq \sigma_1^2$。除了预测信息 f_1 和 f_e，假设其他所有的概率分布参数（a_0、σ_0、σ_e、σ_1、ρ）都是共同知识。于是，根据上面假设可以得到下面的条件期望公式：

$$E[a|f_i] = (1 - t_i)a_0 + t_i f_i$$
$$E[f_e|f_1] = (1 - d_1)a_0 + d_1 f_1$$
$$E[a|f_e, f_1] = I a_0 + J f_1 + K f_e \tag{4.3}$$

其中，

$$t_i = \frac{\sigma_0^2}{\sigma_0^2 + \sigma_i^2}$$

$$d_1 = \frac{\sigma_0^2 + \rho\sigma_e\sigma_1}{\sigma_0^2 + \sigma_1^2}$$

$$I = \frac{(1 - \rho^2)\sigma_e^2\sigma_1^2}{(1 - \rho^2)\sigma_e^2\sigma_1^2 + \sigma_0^2(\sigma_e^2 + \sigma_1^2 - 2\rho\sigma_e\sigma_1)}$$

$$J = \frac{(\sigma_e^2 - \rho\sigma_e\sigma_1)\sigma_0^2}{(1 - \rho^2)\sigma_e^2\sigma_1^2 + \sigma_0^2(\sigma_e^2 + \sigma_1^2 - 2\rho\sigma_e\sigma_1)}$$

$$K = \frac{(\sigma_1^2 - \rho\sigma_e\sigma_1)\sigma_0^2}{(1 - \rho^2)\sigma_e^2\sigma_1^2 + \sigma_0^2(\sigma_e^2 + \sigma_1^2 - 2\rho\sigma_e\sigma_1)} \tag{4.4}$$

由于在在线购物过程中，消费者不会立刻收到产品，考虑到消费者不能对产品进行直观的体验、下单后物流的配送时间长短以及物品在运输过程中可能会出现一些突发事件，消费者可能出现退货现象，而且有研究结果表明，电商平均退货率达22%（Rao et al.，2014）。基于此，为了保护消费者权益，2014年3月15日，新修正的《中华人民共和国消费者权益保护法》正式实施。新消法规定，除特殊商品外，网络商品经营者销售的商品，消费者有权自收到商品之日起七日内退货，且无须说明理由（中新网，2014）。由于消费者的退货会产生一定物流成本（Mcwilliams，2012；Gu et al.，2014；金亮等，2017），因此，新消法的实施增加了平台的物流成本。为了不失一般性，假设消费者的退货率为α，物流公司单位运输收取的物流费用为w，则平台的单位损失为$2\alpha w$，其中$0 \leqslant \alpha \leqslant 1$。

类似于蔡等（2000）、蔡和阿格拉瓦尔（2004）的文献，为了保证最优解的存在，在本章以下的内容中假设：

$$h > (1 - \alpha)b^2/8 \tag{4.5}$$

由假设条件可以看出，物流公司的服务成本系数必须大于一个值，这说明物流公司的服务效率是有一定上限的，因此，物流公司不能盲目地增加投资。

下面给出本书中的一些符号说明：下标e和l分别表示平台和物流公司，下标I和N分别表示有、无信息共享。例如，π_{eN}表示无信息共享情况下平台的条件期望收益。

4.3 模型分析

本节主要考虑自营模式下平台与物流公司的预测信息共享问题。由于平台和物流公司搜集的以往的销售信息不同，而且它们对当前市场行情的判断也不一定相同，因此，它们的预测也不一定相同，于是平台和物流公司之间存在信息的不对称性。参考黄等（2018）、罗春林等（2017）的文献，平台在销售中积累了大量的销售信息、客户信息等数据，对产品的需求往往有更准确的认知，因此，假设平台拥有更多的需求信息。本节主要讨论了两种情况：无信息共享和信息共享。在每种情况下，分别求出了在线销售系统成员的最优决策和期望利润。通过对两种情况下在线销售系统成员期望利润的比较，得出信息共享的价值。最后，在一定的条件下，通过一个讨价还价机制可以实现平台和物流公司之间的协调。

事件的顺序如下：第一阶段，平台和物流公司根据已有的历史销售数据和对当前市场的评估进行需求信息预测。第二阶段，物流公司确定物流服务水平和价格，然后平台根据物流公司的决策确定产品的销售价格。第三阶段，市场需求实现，在线销售系统参与成员各自获得自己相应的利润。

4.3.1 无信息共享

在无信息共享情况下，平台不向物流公司分享其需求预测信息，物流公司根据自己的需求预测信息 f_l 最大化期望利润。由于物流公司先确定物流服务水平 s 和收费 w，因此，平台能够根据物流公司的决策推测出物流公司的需求预测信息 f_l，所以平台可以同时依据需求预测信息 f_l 和 f_e 来确定最优的商品价格 p，进而最大化自己的利润。参考谢等（2014）、康等（2013）以及朱等（2017）的文献，为了不失一般性，假设在线销售系统成员的运营成本为 0。于是，平台和物流公司的条件期望利润函数分别为：

$$\pi_{eN} = E\left[p_N(1-\alpha)(a-p_N+bs_N) - w_N(1+\alpha)(a-p_N+bs_N) \mid f_e, f_l \right]$$

$$\pi_{lN} = E\left[w_N(1+\alpha)(a-p_N+ks_N) - hs_N^2 \mid f_l \right] \tag{4.6}$$

根据博弈顺序，采取逆向求解法，于是要先求出平台的最优反应函数。将（4.6）中平台的利润函数 π_{eN} 对 p_N 求一阶偏导数，进而可以求出 π_{eN} 关于 p_N 二阶偏导数，即 $\partial^2 \pi_{eN}/\partial p_N^2 = -2(1-\alpha) < 0$，所以 π_{eN} 是关于 p_N 的凹函数，于

是存在唯一的最优解。令一阶偏导数为零，可得一阶条件 $\partial \pi_{eN} / \partial p_N = 0$，通过求解这个一元方程得到平台的最优反应函数为：

$$p_N(w_N, s_N) = \frac{(1 - \alpha)(A + b s_N) + w_N(1 + \alpha)}{2(1 - \alpha)}$$

其中，$A = E[a \mid f_e, f_1] = I a_0 + J f_1 + K f_e$。将平台的最优反应函数代入到需求函数中，于是消费者需求为：

$$q_N(w_N, s_N) = \frac{(1 - \alpha)(A + b s_N) - w_N(1 + \alpha)}{2(1 - \alpha)}$$

将平台的最优反应函数 $p_N(w_N, s_N)$ 代入式（4.6）中物流公司的利润函数 π_{1N} 中，然后对 π_{1N} 分别求 w_N 和 s_N 的一阶偏导数，进而可以求出 π_{1N} 关于 w_N 和 s_N 的二阶偏导数，由于 $\dfrac{\partial^2 \pi_{1N}}{\partial w_N^2} = -\dfrac{(1 + \alpha)^2}{1 - \alpha} < 0$、$\dfrac{\partial^2 \pi_{1N}}{\partial x_N^2} = -2t < 0$，可得海塞

矩阵为 $H_1 = \begin{vmatrix} \dfrac{\partial^2 \pi_{1N}}{\partial w_N^2}, & \dfrac{\partial^2 \pi_{1N}}{\partial w_N \partial x_N} \\ \dfrac{\partial^2 \pi_{1N}}{\partial x_N \partial w_N}, & \dfrac{\partial^2 \pi_{1N}}{\partial x_N^2} \end{vmatrix} = \dfrac{(8h - b^2(1 - \alpha))(1 + \alpha)^2}{4(1 - \alpha)}$，假设条件（4.5）

保证了 $H_1 > 0$，因此，π_{1N} 是关于 w_N 和 s_N 的联合凹函数。令一阶偏导数为零，于是可得一阶条件 $\partial \pi_{1N} / \partial w_N = 0$、$\partial \pi_{1N} / \partial s_N = 0$，联立方程对方程组求解，于是有：

$$w_N^* = \frac{4h(1 - \alpha)B}{(1 + \alpha)(8h - b^2(1 - \alpha))} \quad s_N^* = \frac{b(1 - \alpha)B}{8h - b^2(1 - \alpha)}$$

其中，$B = I a_0 + J f_1 + K((1 - d_1) a_0 + d_1 f_1)$。将 w_N^* 和 s_N^* 分别代入平台的最优反应函数和消费者需求中得到产品的最优的销售价格和消费者需求为：

$$p_N^* = \frac{(8h - b^2(1 - \alpha))A + B(4h + b^2(1 - \alpha))}{2(8h - b^2(1 - \alpha))}$$

$$q_N^* = \frac{(8h - b^2(1 - \alpha))A - B(4h + b^2(1 - \alpha))}{2(8h - b^2(1 - \alpha))}$$

再将最优的销售价格和消费者需求分别代入式（4.6）中，进而得到平台和物流公司在第三阶段的条件期望利润为：

$$\pi_{eN} = \frac{(1-\alpha)(B(4h-b^2(1-\alpha))-(8h-b^2(1-\alpha))A)^2}{4(8h-b^2(1-\alpha))^2}$$

$$\pi_{lN} = \frac{hB(1-\alpha)(2A-B)}{8h-b^2(1-\alpha)}$$

下面将给出平台和物流公司的无条件期望利润。由于在无条件下需求预测信息 f_l 和 f_e 对于在线销售系统成员来说是未知的，因此可以通过对在线销售系统成员的条件期望利润函数 π_{eN} 和 π_{lN} 求关于 f_l 和 f_e 的期望，于是可以得到平台和物流公司的无条件期望利润 π_{eN}^* 和 π_{lN}^*，即：

$$\pi_{eN}^* = \int_0^\infty \int_0^\infty \pi_{eN} g(f_e, f_l) df_e df_l$$

$$\pi_{lN}^* = \int_0^\infty \int_0^\infty \pi_{lN} g(f_e, f_l) df_e df_l \tag{4.7}$$

其中，$g(f_e, f_l)$ 表示关于 f_e 和 f_l 的联合概率分布密度函数。下面的命题 4.1 中给出了无信息共享情况下平台和物流公司的无条件期望利润。

命题 4.1　在无信息共享的情况下，平台和物流公司的无条件期望利润分别为：

$$\pi_{eN}^* = \frac{(1-\alpha)4h^2a_0^2}{(8h-b^2(1-\alpha))^2} + \frac{1}{4(8h-b^2(1-\alpha))^2 v_1(\sigma_0^2+\sigma_1^2)}\sigma_0^4(1-\alpha)(16h^2v_2\sigma_0^2+$$

$$\sigma_1^2((16h^2+(4h-b^2(1-\alpha))(12h-b^2(1-\alpha))\rho^2-(8h-b^2(1-\alpha))^2)\sigma_e^2-$$

$$(8h-b^2(1-\alpha))^2 v_2))$$

$$\pi_{lN}^* = \frac{h(1-\alpha)(\sigma_0^4+a_0^2(\sigma_0^2+\sigma_1^2))}{(8h-b^2(1-\alpha))(\sigma_0^2+\sigma_1^2)}$$

其中 $v_1 = (1-\rho^2)\sigma_e^2\sigma_1^2 + \sigma_0^2 v_2$、$v_2 = \sigma_e^2+\sigma_1^2-2\rho\sigma_e\sigma_1$。由假设条件 $\rho\sigma_e\sigma_1 \leqslant \sigma_e^2$ 和 $\rho\sigma_e\sigma_1 \leqslant \sigma_1^2$ 可得 $v_2 > 0$，进而有 $v_1 > 0$。

证明：首先求物流公司的无条件期望利润 π_{lN}^*。因为 $f_i = a + \varepsilon_i$，所以 $E[f_i] = a_0$，其中 $i = e, l$。由于 $E[a^2] = (E[a])^2 + Var[a]$，所以 $\sigma_0^2 = E[a^2] - a_0^2$，进而可以得到 $E[a^2] = a_0^2 + \sigma_0^2$。又因为 $f_i^2 = a^2 + \varepsilon_i^2 + 2a\varepsilon_i$，所以 $E[f_i^2] = E[a^2] + E[\varepsilon_i^2] = a_0^2 + \sigma_0^2 + \sigma_i^2$。另外，$E[f_e f_l] = E[a^2 + a\varepsilon_e + a\varepsilon_l + \varepsilon_e\varepsilon_l] = a_0^2 + \sigma_0^2 + \rho\sigma_e\sigma_1$。将 $E[f_e|f_l] = (1-d_l)a_0 + d_l f_l$、$B = Ia_0 + Jf_l + K((1-d_l)a_0 + d_l f_l)$ 以

及 $A = E[a \mid f_e, f_l] = Ia_0 + Jf_l + Kf_e$ 分别代入 π_{lN} 中展开。

再将 $E[f_i] = a_0$、$E[f_i^2] = a_0^2 + \sigma_0^2 + \sigma_i^2$ 和 $E[f_e f_l] = a_0^2 + \sigma_0^2 + \rho\sigma_e\sigma_1$ 代入展开式中，于是得到 $\pi_{lN} = v_3 h(1 - \alpha)/(8h - b^2(1 - \alpha))$。

其中 $v_3 = -(I + J + K)^2 a_0^2 - (J + Kd_1)((J + 2K - Kd_1)\sigma_0^2 + \sigma_1(2K\rho\sigma_e + (J - Kd_1)\sigma_1))$。

最后将式（4.4）分别代入 v_3 并化简可得 $E[v_3] = \dfrac{\sigma_0^4 + a_0^2(\sigma_0^2 + \sigma_1^2)}{\sigma_0^2 + \sigma_1^2}$。

于是，可以得到物流公司的无条件期望利润 π_{lN}^*。同理，平台的无条件期望利润 π_{eN}^* 可以类似地得到。证毕。

4.3.2 信息共享

在信息共享情况下，平台向物流公司分享自己的预测信息 f_e，同时，物流公司也向平台分享自己的预测信息 f_l，因此，它们都是基于 f_e 和 f_l 来最大化各自的期望利润。在这种情况下，平台和物流公司的条件期望利润分别为：

$$\pi_{el} = E[p_l(1 - \alpha)(a - p_l + bs_l) - w_l(1 + \alpha)(a - p_l + bs_l) \mid f_e, f_l]$$

$$\pi_{ll} = E[w_l(1 + \alpha)(a - p_l + ks_l) - hs_l^2 \mid f_e, f_l] \tag{4.8}$$

在信息共享情况下，平台的最优零售价格和无信息共享的情况是类似的。由于平台和物流公司信息共享，所以它们之间信息是对称的，因此，物流公司能够准确地推算出平台的反应函数，进而制定最优的物流服务水平和收费。根据逆向求解法，先求出平台的最优反应函数，将 π_{el} 对 p_l 求一阶偏导数 $\partial\pi_{el}/\partial p_l$，进而得到二阶偏导数 $\partial^2\pi_{el}/\partial p_l^2 = -2(1 - \alpha) < 0$，于是 π_{el} 关于 p_l 是凹函数，因此，存在唯一的最优解。令 $\partial\pi_{el}/\partial p_l = 0$，于是有：

$$p_l = \frac{(1 - \alpha)(A + bs_l) + w_l(1 + \alpha)}{2(1 - \alpha)}$$

将平台的最优反应函数代入到需求函数中，于是得到信息共享情况下消费者需求为：

$$q_l(w_l, s_l) = \frac{(1 - \alpha)(A + bs_l) - w_l(1 + \alpha)}{2(1 - \alpha)}$$

类似于无信息共享，在假设条件（4.5）的前提下，物流公司的利润函数 π_{lI} 是关于 w_I 和 s_I 的联合凹函数。根据信息对称情况下平台的最优反应函数、消费者需求以及信息对称情况下平台和物流公司的利润函数可以求出信息对称情况下平台和物流公司的贝叶斯均衡和最优需求量分别为：

$$w_I^* = \frac{4h(1-\alpha)A}{(1+\alpha)(8h - b^2(1-\alpha))} \qquad s_I^* = \frac{b(1-\alpha)A}{8h - b^2(1-\alpha)}$$

$$p_I^* = \frac{6hA}{8h - b^2(1-\alpha)} \qquad q_I^* = \frac{2hA}{8h - b^2(1-\alpha)}$$

将 p_I^*，w_I^* 和 s_I^* 分别代入式（4.8）中，于是得到信息共享情况下平台和物流公司的条件期望利润为：

$$\pi_{eI} = \frac{4h^2(1-\alpha)A^2}{(8h - b^2(1-\alpha))^2} \qquad \pi_{lI} = \frac{h(1-\alpha)A^2}{8h - b^2(1-\alpha)}$$

与无信息共享情况类似，根据平台和物流公司分享彼此的预测信息 f_e 和 f_l 可以求出信息共享情况下平台和物流公司的无条件期望利润，于是有下面的命题 4.2。

命题 4.2　在信息共享的情况下，平台和物流公司的无条件期望利润为：

$$\pi_{eI}^* = \frac{4h^2(1-\alpha)(a_0^2 v_1 + \sigma_0^4 v_2)}{v_1(8h - b^2(1-\alpha))^2} \qquad \pi_{lI}^* = \frac{h(1-\alpha)(a_0^2 v_1 + \sigma_0^4 v_2)}{v_1(8h - b^2(1-\alpha))}$$

证明：和命题 4.1 类似。证毕。

4.3.3　信息共享的价值分析

为了发现信息共享的价值，下面比较无信息共享和信息共享两种情况下在线销售系统以及参与成员的无条件期望利润。假设 $\prod_e$、$\prod_l$、$\prod_s$ 分别表示平台、物流公司和在线销售系统的信息共享的价值，于是有：

$$\prod_e = \pi_{eI}^* - \pi_{eN}^* = -\frac{\sigma_0^4 \sigma_1^2(1-\alpha)(4h - b^2(1-\alpha))(12h - b^2(1-\alpha))(\sigma_1 - \rho\sigma_e)^2}{4v_1(8h - b^2(1-\alpha))^2(\sigma_0^2 + \sigma_1^2)}$$

$$\prod_l = \pi_{lI}^* - \pi_{lN}^* = \frac{h\sigma_0^4 \sigma_1^2(1-\alpha)(\sigma_1 - \rho\sigma_e)^2}{v_1(8h - b^2(1-\alpha))(\sigma_0^2 + \sigma_1^2)} \qquad (4.9)$$

$$\prod{}_s = \prod{}_1 + \prod{}_e = \frac{(16h^2 - 12b^2h(1-\alpha) + b^4(1-\alpha)^2)\sigma_0^4\sigma_1^2(1-\alpha)(\sigma_1 - \rho\sigma_e)^2}{4v_1(8h - b^2(1-\alpha))^2(\sigma_0^2 + \sigma_1^2)}$$

通过对上面的结果进行分析可以得出下面的命题4.3。

命题4.3 在线销售系统需求预测信息共享模型中：（i）信息共享对物流公司始终是有利的。（ii）当 $h_1 < h < h_2$ 时，信息共享对平台有利；当 $h_2 < h$ 时，信息共享对平台是不利的。（iii）当 $h_1 < h < h_3$ 时，信息共享对整个在线销售系统是有利的；当 $h_3 < h$ 时，信息共享对整个在线销售系统不利。其中，$h_1 = (1-\alpha)b^2/8$、$h_2 = (1-\alpha)b^2/4$、$h_3 = (3+\sqrt{5})(1-\alpha)b^2/8$。$h_1$ 可由第2节的假设条件可得，h_2 和 h_3 是分别由 $\prod{}_e = 0$ 和 $\prod{}_s = 0$ 得到。

证明：首先判断 h_1、h_2 和 h_3 的大小关系。先比较 h_1 和 h_2 的大小关系，容易看出 $h_2 > h_1$。再比较 h_2 和 h_3，因为 $h_3 - h_2 = (1+\sqrt{5})(1-\alpha)b^2/8 > 0$，所以 $h_3 > h_2$。于是有 $h_1 < h_2 < h_3$。

因为 $v_1 > 0$（命题4.1中已给出），所以 $\prod{}_1 > 0$，于是命题4.3的（i）成立。当 $h_1 < h < h_2$ 时，有 $4h - b^2(1-\alpha) < 0$，$8h - b^2(1-\alpha) > 0$，进而有 $12h - b^2(1-\alpha) > 0$，于是有 $\prod{}_e > 0$；当 $h_2 < h$ 时，有 $4h - b^2(1-\alpha) > 0$，进而有 $12h - b^2(1-\alpha) > 0$，于是可得 $\prod{}_e < 0$，所以命题4.3的（ii）成立。当 $h_1 < h < h_3$ 时，有 $16h^2 - 12b^2h(1-\alpha) + b^4(1-\alpha)^2 > 0$，于是有 $\prod{}_s > 0$；相反地，当 $h_3 < h$ 时，有 $16h^2 - 12b^2h(1-\alpha) + b^4(1-\alpha)^2 < 0$，于是可得 $\prod{}_s < 0$，所以命题4.3的（iii）成立。证毕。

命题4.3（i）说明物流公司始终能从在线销售系统成员之间需求预测信息共享中受益（如图4.2所示），主要是因为物流公司处于信息劣势，信息共享有利于物流公司掌握并且更新其需求预测信息，进而制定更好的决策。（ii）表明当物流公司服务的效率比较高时（$h_1 < h < h_2$），平台能够从信息共享中获利。这是因为高的服务效率能够说明物流公司单位服务成本较低，从而其更有意愿提升物流服务水平，从而获得更多的消费者需求，进而使得平台能从高效率的服务水平中获得更多的利润（这也可以解释为什么阿里巴巴选择与顺丰、

"三通一达"这样的国内知名物流公司进行合作）。当物流公司服务的效率相对较低时（$h_2 < h$），信息共享对在线平台是不利的。这是因为物流公司服务的效率比较低时，物流公司会提高收费价格，这就造成了平台成本的增加，同时，平台提高产品的销售价格，进而降低了产品需求。（iii）蕴含了当物流公司服务的效率非常低时（$h_3 < h$），信息共享对在线销售系统不利；当物流公司服务的效率较高时（$h_1 < h < h_3$），信息共享对在线销售系统有利。这是因为物流公司服务水平存在边际递减效应。

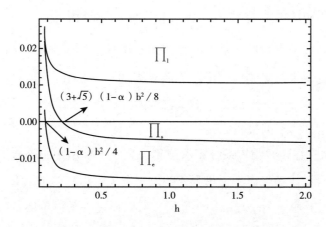

图 4.2 物流服务效率对信息共享价值的影响

4.3.4 无信息共享与信息共享的协调

根据上面的分析，下面将考虑在线销售系统成员之间的协调问题。基于命题 4.3，当 $h_2 < h < h_3$ 时，通过设计一个讨价还价机制来协调平台与物流公司之间的信息共享问题，从而使在线销售系统成员及整个在线销售系统的利益最大化。假设平台与物流公司的讨价还价能力分别为 β_1、β_2，其中 $\beta_1 > 0$、$\beta_2 > 0$，且 $\beta_1 + \beta_2 = 1$。信息共享后，平台、物流公司希望获得的利润分别为 y_1 和 y_2，且平台、物流公司希望获得的利润不低于它们信息共享前获得的利润 π_{eN}^* 和 π_{lN}^*，信息共享后，整个在线销售系统的利润等于 $\pi_{eI}^* + \pi_{lI}^*$，在线销售系统成员彼此讨价还价，确定自己得到的份额。参考比安加拉詹和巴索克（Nagarajan and Bassok，2008）的文献，平台、物流公司之间的讨价还价模型可以描述为：

$$\max_{y_1,y_2}(y_1-\pi_{eN}^*)^{\beta_1}(y_2-\pi_{1N}^*)^{\beta_2}$$

$$\text{s. t.}\quad y_1-\pi_{eN}^*\geqslant0$$

$$y_2-\pi_{1N}^*\geqslant0 \tag{4.10}$$

$$y_1+y_2\leqslant\pi_{eI}^*+\pi_{II}^*$$

$$\beta_1+\beta_2=1$$

求解上述问题得到 $y_1=\pi_{eN}^*+\beta_1\prod_s$、$y_2=\pi_{1N}^*+\beta_2\prod_s$。可以看出，通过讨价还价机制，平台、物流公司的收益分别增加 $\beta_1\prod_s$ 和 $\beta_2\prod_s$。另外，可以看出，在线销售系统成员讨价还价所获得的利润与其讨价还价能力正相关，这说明如果一方处于优势地位，那么它就能分到更多的利润。下面的命题 4.4 给出了平台信息共享的策略。

命题 4.4 在在线销售系统需求预测信息共享模型中，平台、物流公司之间是否进行信息共享与物流公司服务的效率有关：（i）当 $h_1<h<h_2$ 时，平台自愿参与信息共享；（ii）当 $h_2<h<h_3$，可以通过一个讨价还价机制促使平台进行信息共享；（iii）当 $h_3<h$ 时，则在线销售系统不会出现信息共享的情况。

证明：由命题 4.3 可知。证毕。

图 4.3 中给出了消费者退货率对在线销售系统成员信息共享情况的影响。

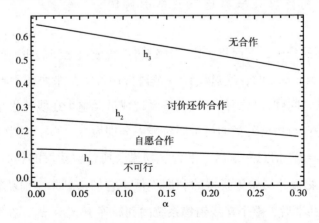

图 4.3 消费者退货情况对信息共享情况的影响

从图4.3中可以看出，随着消费者退货率 α 的提高，在线销售系统成员之间自愿共享的区域（$h_2 - h_1$）和通过谈判进行信息共享的区域（$h_3 - h_2$）在变小，而无信息共享的区域在变大，这表明平台、物流公司之间信息共享的意愿随着消费者退货率的提高而减弱。

4.4　敏感性分析

本节将考虑消费者退货情况和物流公司服务效率对平台、物流公司的影响，以及需求信息预测精度、信息相关系数对在线销售系统成员利润的影响，同时给出一些算例分析。

4.4.1　退货率及物流服务效率影响分析

通过对命题4.1和命题4.2的观察可以看出，两种情况下平台和物流公司的决策和利润都受到消费者退货率 α、物流服务效率 h、平台需求信息预测精度 σ_e、物流公司需求信息预测精度 σ_1、信息相关系数 ρ 的影响。下面主要分析这些参数对在线销售系统成员无条件期望利润的影响，消费者退货率以及物流服务效率对平台和物流公司无条件期望利润的影响在下面的性质4.1中给出。

性质4.1　（i）消费者退货率对在线销售系统成员无条件期望利润的影响如下：

$$\frac{\partial \pi_{IN}^*}{\partial \alpha} < 0, \frac{\partial \pi_{II}^*}{\partial \alpha} < 0, \frac{\partial \pi_{eN}^*}{\partial \alpha} < 0, \frac{\partial \pi_{eI}^*}{\partial \alpha} < 0$$

（ii）物流公司服务效率对在线销售系统成员无条件期望利润的影响如下：

$$\frac{\partial \pi_{IN}^*}{\partial h} < 0, \frac{\partial \pi_{II}^*}{\partial h} < 0, \frac{\partial \pi_{eN}^*}{\partial h} < 0, \frac{\partial \pi_{eI}^*}{\partial h} < 0$$

证明：首先证明消费者退货率对物流公司无条件期望利润的影响。由命题

4.1 可知 $v_1 > 0$、$v_2 > 0$。将无信息共享和信息共享两种情况下物流公司的无条件期望利润分别对 α 求一阶偏导数，于是有：

$$\frac{\partial \pi_{1N}^*}{\partial \alpha} = -\frac{8h^2(\sigma_0^4 + a_0^2(\sigma_0^2 + \sigma_1^2))}{(8h - b^2(1-\alpha))^2(\sigma_0^2 + \sigma_1^2)} < 0$$

$$\frac{\partial \pi_{1I}^*}{\partial \alpha} = -\frac{8h^2(\sigma_0^4 v_2 + a_0^2 v_1)}{v_1(8h - b^2(1-\alpha))} < 0$$

然后证明物流公司服务效率对无条件期望利润的影响。将两种情况下物流公司无条件期望利润分别对 h 求一阶偏导数，可以得到：

$$\frac{\partial \pi_{1N}^*}{\partial h} = -\frac{b^2(1-\alpha)^2(\sigma_0^4 + a_0^2(\sigma_0^2 + \sigma_1^2))}{(8h - b^2(1-\alpha))^2(\sigma_0^2 + \sigma_1^2)} < 0$$

$$\frac{\partial \pi_{1I}^*}{\partial h} = -\frac{b^2(1-\alpha)^2(\sigma_0^4 v_2 + a_0^2 v_1)}{v_1(8h - b^2(1-\alpha))} < 0$$

类似地可以证明性质 4.1 中的其他结论。证毕。

性质 4.1（i）表明不管平台与物流公司之间是否进行信息共享，随着消费者退货率的减少，在线销售系统成员的无条件期望收益是增加的。这说明服务的提升对在线销售系统成员以及消费者都是有好处的。因此，在线销售系统成员应尽可能地通过提高产品质量和产品服务来满足消费者的需求，提升消费者的满意度，进而使消费者减少退货。性质 4.1（ii）表明无论在线销售系统成员之间是否进行信息共享，物流公司的服务效率对自身以及平台都是正相关的。这说明物流公司能够通过提高自身服务效率来减少成本投入，并获得更多的利润，同时还能使平台获得更多的利润。这是因为服务效率的提高能促使物流公司最大限度地提升服务质量，物流服务质量的提升必然会带来更多的需求，因此，在线销售系统、参与成员以及在线消费者都能够从中受益。

为了更加形象地说明消费者退货率和物流服务效率对在线销售系统成员的影响，下面给出一些数值算例。参考岳等（2006）、米什尔等（2009）以及陈等（2018）的文献，选取参数 $\sigma_0 = 1$、$a_0 = 20$、$b = 0.6$、$\rho = 0$、$\sigma_1 = 0.5$、$\sigma_e = 0.5$，在图 4.4 中固定 $h = 0.6$，选取 $\alpha \in [0, 0.3]$；在图 4.5 中固定 $\alpha = 0.05$，选取 $h \in [0.2, 2]$。从图 4.4 可以看出，无论在线销售系统成员是否进行信息共享，它们的利润都与消费者的退货率负相关。同时，物流公司利润减少的幅度比平台要更大一些。这是因为随着消费者退货率的提高，平台为了保证自己的利益，会尽可能地压低物流公司的物流收费。通过图4.5可以看出，无论在线销售系统成员是否进行信息共享，物流公司服务效率越高，在线销售系统成员的利润就越多；反之，物流公司服务效率越低，在线销售系统成员的利润就越少。

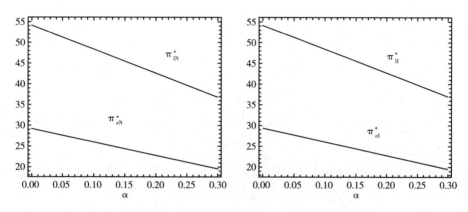

图4.4　消费者退货率对在线销售系统成员利润的影响

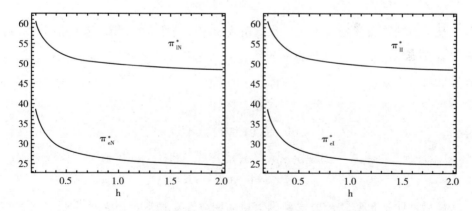

图4.5　物流服务效率对在线销售系统成员利润的影响

4.4.2　信息预测精度影响分析

下面的性质 4.2 给出了需求信息预测精度、信息相关系数对在线销售系统成员利润的影响。

性质 4.2　（i）需求信息预测精度对在线销售系统成员利润的影响：

$\partial \pi_{IN}^{*} / \partial \sigma_{e} = 0$，$\partial \pi_{IN}^{*} / \partial \sigma_{1} < 0$，$\partial \pi_{eN}^{*} / \partial \sigma_{e} < 0$，$\partial \pi_{eN}^{*} / \partial \sigma_{1}$ 无法确定；

$\partial \pi_{II}^{*} / \partial \sigma_{e} < 0$，$\partial \pi_{II}^{*} / \partial \sigma_{1} < 0$，$\partial \pi_{eI}^{*} / \partial \sigma_{e} < 0$，$\partial \pi_{eI}^{*} / \partial \sigma_{1} < 0$

（ii）需求预测信息相关系数对在线销售系统成员利润的影响：

$\partial \pi_{IN}^{*} / \partial \rho = 0$，$\partial \pi_{II}^{*} / \partial \rho < 0$，$\partial \pi_{eN}^{*} / \partial \rho < 0$，$\partial \pi_{eI}^{*} / \partial \rho < 0$

证明：和性质 4.1 类似。首先证明平台需求信息预测精度对物流公司无条件期望利润的影响。由 4.2 节中假设可知 $0 \leqslant \rho \leqslant 1$，且 $\rho \sigma_{e} \sigma_{1} \leqslant \sigma_{e}^{2}$、$\rho \sigma_{e} \sigma_{1} \leqslant \sigma_{1}^{2}$，将无信息共享与信息共享两种情况下物流公司无条件期望利润分别对 σ_{e} 求一阶偏导数，于是有：

$$\frac{\partial \pi_{IN}^{*}}{\partial \sigma_{e}} = 0, \frac{\partial \pi_{II}^{*}}{\partial \sigma_{e}} = \frac{8 \sigma_{e} h^{2} \sigma_{1}^{3} \sigma_{0}^{4} (1 - \alpha) (1 - \rho^{2}) (\sigma_{1} - \rho \sigma_{e})}{v_{1}^{2} (8h - b^{2} (1 - \alpha))^{2}} < 0$$

其次证明物流公司需求信息预测精度对其自身无条件期望利润的影响。将无信息共享与信息共享两种情况下物流公司无条件期望利润分别对 σ_{1} 求一阶偏导数可以得到：

$$\frac{\partial \pi_{IN}^{*}}{\partial \sigma_{1}} = -\frac{2h \sigma_{1} \sigma_{0}^{4} (1 - \alpha)}{(8h - b^{2} (1 - \alpha)) (\sigma_{0}^{2} + \sigma_{1}^{2})^{2}} < 0$$

$$\frac{\partial \pi_{II}^{*}}{\partial \sigma_{1}} = -\frac{2h \sigma_{e} \sigma_{e}^{3} \sigma_{0}^{4} (1 - \alpha) (1 - \rho^{2}) (\sigma_{e} - \rho \sigma_{1})}{v_{1}^{2} (8h - b^{2} (1 - \alpha))} < 0$$

最后证明平台和物流公司预测信息的相关性对物流公司无条件期望利润的影响。将无信息共享与信息共享两种情况下物流公司无条件期望利润分别对 ρ 求一阶偏导数可以得出：

$$\frac{\partial \pi_{IN}^{*}}{\partial \rho} = 0, \frac{\partial \pi_{II}^{*}}{\partial \rho} = -\frac{2h \sigma_{1}^{2} \sigma_{e}^{2} \sigma_{0}^{4} (1 - \alpha) (\sigma_{e} - \rho \sigma_{1}) (\sigma_{1} - \rho \sigma_{e})}{v_{1}^{2} (8h - b^{2} (1 - \alpha))^{2}} < 0$$

类似地，可以证明性质 4.2 中的其他结论。证毕。

性质 4.2（i）表明，在无信息共享情况下，物流公司的利润与平台需求信息预测的精度无关，与自身需求信息预测的精度正相关；平台与物流公司需求信息预测的精度无法判断，与自身需求信息预测的精度正相关。这说明，在线销售系统成员都应努力多收集以往销售信息，并且对当前市场行情进行正确的判断，以提高自身信息的预测精度，而不用太关注对方的信息。在信息共享情况下，物流公司和平台的利润都随着自身和对方信息预测精度的提高而增加。这说明在线销售系统成员努力提高自身信息预测精度的同时，还应关注对方信息预测的精度。性质 4.2（ii）表明，在无信息共享情况下，物流公司的利润与信息预测相关性无关，平台的利润随着信息相关性的提高而减少。这说明物流公司可以根据尽可能多的已知信息和经验进行预测，因此，其在预测时拥有主动权；而平台则应尽量避免在预测时与物流公司采用相同的数据或相似的方法，因此，其在预测时受到一定的限制，故处于被动地位。在信息共享情况下，物流公司和平台的利润都随着信息相关性的提高而减少，这说明，在线销售系统成员在信息预测时应采取各自特有的信息和不同的方法对消费者需求信息进行预测，以降低预测信息的相关性。

下面给出性质 4.2 的一些数值算例，选取参数 $\sigma_0 = 1$、$a_0 = 20$、$b = 0.6$、$\sigma_1 = 0.5$、$h = 0.6$。在图 4.6 中固定 $\rho = 0$、$\sigma_e = 0.5$，选取 $\sigma_1 \in [0, 0.6]$；在图 4.7 中固定 $\rho = 0$、$\sigma_1 = 0.5$，选取 $\sigma_e \in [0, 0.6]$；在图 4.8 中固定 $\sigma_1 = 0.5$、

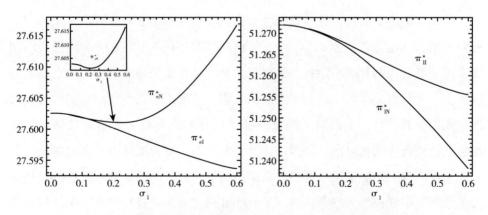

图 4.6　物流公司信息预测精确度对在线销售系统成员的影响

$\sigma_e = 0.5$，选取 $\rho \in [0, 1]$。通过图4.6可以看出，在无信息共享情况下，物流公司信息预测精确度对平台利润的影响有正有负：当精确度很高时，对平台是有利的，随着精确度的下降，平台的利润在减少，然而，当精确度比较低时，平台的利润又在增加，因此，无法明确判断。而在信息共享的情况下，物流公司信息预测精确度与平台的利润是正相关的。无论是否信息共享，平台的利润都随着自身信息预测精度的提高而增加。同时可以看出，当物流公司信息精确度较低时，平台在信息共享情况下的利润要低于无信息共享时的利润，这说明，当物流公司信息精确度较低时，信息共享对平台是不利的，而对于物流公司来说，情况却正好相反。

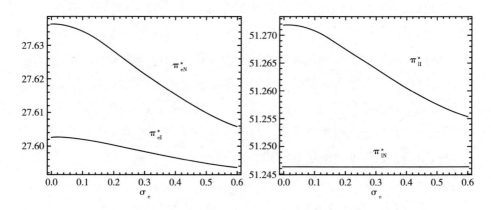

图4.7　平台信息预测精确度对在线销售系统成员的影响

图4.7给出了平台信息预测精度对在线销售系统成员的影响，通过图4.7可以看出，无论是否信息共享，平台的利润随自身信息预测精度的提高而增加。而物流公司则有所不同：当无信息共享时，物流公司的利润与信息预测精度无关；而信息共享时，其利润随着信息预测精度的提高而增加。同时可以发现，无信息共享时，平台信息预测精度对自身的影响要大于信息共享时的情况，而物流公司则相反。这是因为无信息共享时，平台虽然可以通过物流公司的决策预测信息，但是其主要还是依据自己的预测，因此，其对自身信息精确度的依赖性很强；当信息共享时，平台能够同时依据自身和物流公司的信息进行预测，因此降低了其对自身信息的依赖程度。物流公司在无信息共享时，只

能依据自身的信息作出决策，因此，与平台的预测无关。而信息共享时，物流公司为了能够掌握更准确的信息，会依赖于平台的预测，所以，此时平台的预测对物流公司的利润影响较大。

图4.8给出了预测信息相关性对在线销售系统成员的影响，通过图4.8可以看出，由于在无信息共享时，物流公司在决策时没有依据平台的信息，所以此时信息的相关性对物流公司没有影响，而在其他情况下，在线销售成员的利润都随着信息相关性的提高而减少。这是因为当信息相关性增加时，会造成在线销售成员重复判断，进而减少了信息预测的依据。这也说明当在线销售成员掌握的信息不够广泛、全面时，信息预测的精度也会随之降低。

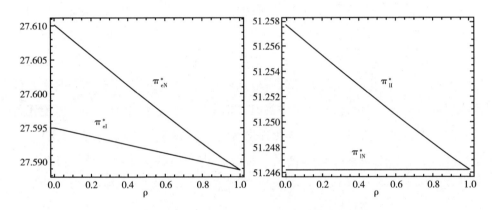

图4.8 预测信息的相关性对在线销售系统成员的影响

4.5 本章小结

本章以当当与邮政、顺丰等平台与物流公司合作为对象，研究了自营模式下平台与物流公司预测信息共享策略。分析了一个在线销售平台（当当等）和一个物流公司（邮政、顺丰等）组成的在线销售系统，系统成员各自进行需求信息预测，讨论了无信息共享和信息共享两种情况，通过比较发现信息共享的价值，并通过讨价还价机制对在线销售系统进行协调。最后，分析了消费者退货率、物流公司服务效率、预测信息精度及其相关性对在线销售系统参与者的影响。

　　研究表明，消费者退货率对在线销售系统成员有重要的影响：无论平台与物流公司之间是否进行信息共享，随着消费者退货率的提高，在线销售系统成员的利润在减少，同时，在线销售系统成员之间信息共享的意愿也在减弱。因此，在线销售系统成员应尽可能地通过提高产品质量和物流服务来提升消费者的满意度，进而降低消费者退货率。物流公司服务效率对在线销售系统成员也会产生重要的影响：物流公司服务效率越高，在线销售系统成员的利润就越大；反之，物流公司服务效率越低，在线销售系统成员的利润就越少。同时，物流公司的服务效率是有一定上限的，因此，物流公司不能盲目地增加投资。因此，物流公司应提高其服务效率，同时，最大限度地提升服务质量，从而使消费者获得更高的满意度，使自身和自营平台获得更多的利润。信息共享的价值表明，信息共享对物流公司有利。而平台是否选择信息共享与物流公司的服务效率有关：当物流公司的服务效率较高时（$h_1 < h < h_2$），平台会自愿参与信息共享；当物流公司的服务效率中等时（$h_2 < h < h_3$），可以通过一个讨价还价机制促使平台进行信息共享；当物流公司的服务效率非常低时（$h_3 < h$），在线销售系统成员之间不存在信息共享。信息共享并不总是对在线销售系统有利：只要物流公司的服务效率不太低（$h_1 < h < h_3$），信息共享对在线销售系统就有利；反之，当物流公司的服务效率非常低时（$h_3 < h$），信息共享对在线销售系统不利。

　　本章主要研究了自营模式下平台与物流公司预测信息共享策略，而在实际情况中，平台在销售前要先联系供应商进行产品的采购，签订长期的合作协议。因此，下一章将研究平台与生产商（养殖户）的合同设计问题。

第 5 章

自营模式下平台与生产商的
合同设计研究

5.1 引 言

随着经济的发展，人们的生活水平日益提高，在经济条件允许的情况下，人们开始追求产品的品质，特别是一些农产品或养殖水产品，人们对于这些产品的新鲜度、绿色天然性要求在不断地提升。传统的销售，由于地域的限制，使得一些鲜活产品只能在产源地周边销售，远距离的大多数人的需求无法得到满足。但交通的便捷大大缩短了在线购物过程中的配送时间，因此，越来越多的农户或养殖户开始尝试在线销售产品（如新鲜水果、大闸蟹等），这不但增加了自己的收入，也极大地方便了消费者，使得他们足不出户就能购买到原生态、健康的产品（山西新闻网，2017）。

由于高铁、航空等交通工具的大量使用，物流企业快速发展。2022 年上半年，农村网络零售和农产品网络零售分别增长 2.5% 和 11.2%，在生鲜电商平台进行网购消费的用户比例高达 37.2%[①]。传统渠道购买模式通常是消费者当场挑选，然后付款，如果消费者到家后发现产品有损伤或者死亡的情况（比如路程远，出现碰撞、挤压等），卖家（如养殖户）一般不会退货、换货、

[①] 商务部. 中国电子商务报告 2022 [EB/OL]. [2023 - 06 - 09]. http：//dzsws. mofcom. gov. cn/article/ztxx/ndbg/202306/20230603415404. shtml.

退款，因此，损失由消费者承担。而在在线销售过程中，由于卖家（养殖户、平台等）发货后有一个运输过程，在此过程中，由于挤压、空气不通畅等原因会造成一定的损伤、死亡现象。因此，卖家在发货时，要选择生命力强、新鲜度比较高的产品，否则，产品一旦死亡或腐烂，不但会损失产品，还要承担损失产品的物流成本；而对于没有死亡的，消费者不能退货（即使运输过程中会造成产品的新鲜度有所下降，消费者也无法得到价格上的优惠或补偿）。对于一些时令生鲜商品，为了保证商品的品质新鲜，像顺丰优选会在接收订单后与原产地预约并采购。

随着消费者对食品安全、质量的关注，生产商通过采用如清洁的水源养殖、纯天然绿色的饲料喂养、科学的养殖方法等来提升产品的原生态性能、绿色性能，进而吸引更多的消费者。然而提升产品的绿色性能会增加生产商的成本，而产品的绿色生产成本是其私人信息，平台作为一个外行，很难知道，因此，两者之间存在着成本信息不对称的现象。而这种现象往往会导致在线销售系统成员交易成本增加、效率降低以及利润分配不合理的情况，进而使得在线销售系统无法实现最优的结果。基于此，本章以鲜活产品为背景，研究了自营模式下平台与生产商的合同设计问题。即当平台低价向生产商采购产品，通过自有平台高价销售给在线消费者，在与生产商关于绿色生产成本信息不对称的情况下，平台应该采用何种策略与生产商进行合作，同时对生产商绿色生产成本信息进行甄别，并促进其提升产品的绿色水平，进而实现自身利润最大化。

目前，已有许多学者研究了其他供应链中成本信息不对称下激励合同的设计问题，比如外包菜单式合约设计问题。李等（2014）研究了闭环供应链中回收成本信息不对称时，追求成本最小化的制造商如何通过设计激励合同实现对回收商私有信息披露的问题，分析了生产者有无延伸责任两种情况，并讨论了生产者延伸责任制度对逆向供应链的影响。魏等（2015）、赵等（2017）也考虑了成本信息不对称下的闭环供应链。黄河等（2015）研究了供应商的初始可靠性和降低风险的努力为不对称信息时，制造商的采购激励合同设计问题，分析了信息的不对称性对整个供应链利润及信息租金的影响。肖群和马士华（2015）研究了促销努力成本信息不对称时供应商如何通过回购契约实现自身期望利润最大化的问题，考虑了集中决策和信息不对称两种情况，分析了不对称信息对供应链成员最优决策以及利润的影响。金亮等（2017）研究了不对称信息下线下到线上 O2O 供应链佣金契约的设计，分析了不对称信息对零售商、体验店及 O2O 供应链绩效的影响。

　　基于以上研究，本章以京东生鲜、顺丰优选等平台与鲜活产品生产商合作为对象，研究了自营模式下平台与生产商的合同设计问题。分析了一个由生产商和在线销售平台组成的在线销售系统，当两者关于绿色生产成本信息不对称时，平台如何设计合同激励生产商进行绿色生产，同时对其真实成本信息进行甄别？平台的网络外部性以及产品的死亡率对在线销售系统成员有着怎样的影响？信息的不对称性对在线销售系统成员的最优决策和利润有什么样的影响？另外，本章还分析了不同成本类型下平台合同的变化、合同的有效性以及信息的价值。

5.2　模型描述

　　如图 5.1 所示，本章分析一个鲜活产品生产商（以下简称生产商）和一个在线销售平台（以下简称平台）构成的在线销售系统。其中，平台（如京东生鲜、顺丰优选等）根据产品的绿色水平 x 与生产商其签订合同 {w，f}，从生产商那里采购产品，然后通过自有平台以价格 p 销售给在线消费者。在线消费者通过平台下单，然后平台根据在线消费者的需求信息 q 将产品发送给在

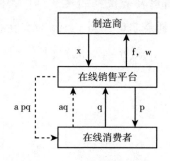

图 5.1　在线销售结构

线消费者。在线消费者如果收到死亡的产品 αq，会拍照上传到平台，平台会根据在线消费者提供的信息进行退款 $\alpha p q$。

5.2.1 需求函数

参考戈什等（2015）、朱等（2017）和徐等（2017）的文献，假设在线消费者对产品的绿色程度是敏感的，即产品的绿色水平越高，在线消费者的需求越高。假设在线消费者对产品符合其需求时的支付意愿为 v，为了分析的简单，参考蒋等（2003）的文献假设 v 服从区间 $[0, d]$ 上的均匀分布，于是消费者的效用为：

$$u = v - p + ax + v(q^e) \tag{5.1}$$

其中，p 为产品的零售价格，参考高和苏（Gao and Su，2017），金亮等（2017）的文献，假设 p 是由市场确定的外生变量；$x > 0$，表示产品的绿色水平：$a > 0$，表示在线消费者对产品绿色水平的偏好，a 越大表示在线消费者对产品绿色性能的支付意愿越高（Zhu and He，2017；Xu et al.，2017；温小琴等，2018）。类似于 Li 等（2016）的文献，假设 $a < 1$，表示在线消费者对产品绿色水平的偏好要低于价格的偏好；q^e 表示在线消费者对网络产品规模的预期；$v(q^e)$ 是指在线消费者对网络产品的评估或者在线消费者对网络外部性的增量效用，是关于 q^e 的增函数。类似于赵等（2014）、易和杨（2016）的文献，假设 $v(q) = tq$，其中 $t \in [0, 1]$ 表示网络强度，反映网络的影响或者外部性，t 越大，在线消费者支付意愿就越高。当在线消费者购买商品获得的效用满足 $u \geq 0$ 时，在线消费者会选择购买产品；否则，在线消费者不会购买产品。考虑到在线消费者剩余非负，当 $v \geq v_1$ 时，在线消费者的需求为：

$$q = (d - p + ax)/(1 - t) \tag{5.2}$$

其中，$v_1 = p - ax - tq$。

5.2.2 成本信息

类似于朱和何（2017）、戴等（Dai et al.，2017）和徐等（Xu et al.，

2017）的文献，假设生产商提高产品绿色水平所产生的成本为 $c(x) = kx^2$。其中 $k > 0$，表示生产商的绿色成本系数；$\partial C(x)/\partial x > 0$、$\partial^2 C(x)/\partial x^2 > 0$ 表明随着产品绿色水平的提升，生产商的成本会逐渐增加，而且生产商的产品绿色水平提升是有上限的。生产商的绿色成本为其私有信息，平台是难以观测的（Li and Li, 2016；但斌等，2012），类似于陈（Chen, 2005）、李等（2014）、黄等（Huang et al., 2016）二元分布的研究假设，假设生产商的绿色成本系数 k 存在两种可能：高成本（k_H）和低成本（k_L），且 $\Delta = k_H - k_L > 0$。在信息不对称的情况下，平台并不知道生产商的成本类型，但能够通过已有信息获得关于生产商成本类型的一个先验概率，不失一般性，参考金亮等（2017）的文献，假设生产商绿色生产成本高、低的概率相等，均为 1/2。

考虑到在线销售，参考王和陈（Wang and Chen, 2017）的文献，产品在运输过程中会出现死亡现象（包括人为或自然因素造成的，如加载、卸载、包装所产生的挤压以及产品自然的死亡等），假设产品在运输过程中出现死亡（或损失）的概率为 α，对于死亡的产品，商家会全额退款。因为如果退货的话，产品容易腐烂变质，同时会产生额外的物流成本以及额外的污染问题。假设生产商的固定生产成本为 c_0，参考谢等（2014）、康等（2013）以及朱等（2016）的文献，不失一般性，假设在线销售系统成员的运营成本为 0。

5.2.3　利润函数

平台为了激励生产商提高产品的绿色水平，提供给生产商一个合同（w, f），其中，w 为平台给生产商的单位产品支付价格，f 为平台向生产商收取的转移支付。参考科伯特等（2004）、唐（Tang, 1999）、穆霍帕迪亚等（2009）的文献，当 $f > 0$ 时，可以将其理解为入驻费用或者生产商为激励在线平台努力销售的补贴（为了避免混淆，本章以下内容中均将其称为入驻费用），这在生产商与大型平台（如天猫、京东）打交道时很常见；当 $f < 0$ 时，表示特许经营费，这在生产商的产品是强势品牌时很常见（如日本永旺、美国全食）；当 $f = 0$ 时，表示双方都不需要向对方支付额外的费用。如永辉超市销售产品

时会向生产商支付批发价，同时收取一定的入驻费用，对于京东生鲜、顺丰优选等平台销售阳澄湖大闸蟹时也与此类似。

基于上面的假设，可以得出生产商的期望利润 π_M 为：

$$\pi_M = (w - c_0)(d - p + ax)/(1 - t) - f - kx^2 \tag{5.3}$$

平台的期望利润 π_P 为：

$$\pi_P = p(1 - \alpha)(d - p + ax)/(1 - t) - w(d - p + ax)/(1 - t) + f \tag{5.4}$$

其中，下标 M 表示生产商，下标 P 表示平台。

5.3 模型分析

本节主要研究了在线销售中自营模式下平台与生产商的合同设计，考虑到生产商的绿色生产成本信息不对称，分析了信息对称与不对称两种情况下平台的合同设计问题。为了区别对称与不对称的情形，用字母"S"表示"信息对称"，用字母"A"表示"信息不对称"，比如 x_{SH}^* 表示信息对称情况下高成本类型时产品的最优绿色水平。

5.3.1 信息对称时的合同设计

由于大型平台（比如京东生鲜、顺丰优选）拥有大量的在线消费者，具有很强的话语权，先行制定合同 $\{w_{Si}, f_{Si}\}$，生产商根据平台给定的合同来确定产品的绿色水平。采用逆向求解法，先分析生产商最优的产品绿色水平 x_{Si}，然后再分析平台的合同。

当生产商的绿色生产成本类型为 $i(i = H, L)$ 时，在平台给定合同 $\{w_{Si}, f_{Si}\}$ 后，生产商以自身利益最大化为目的来决策产品的绿色水平。于是，有了下面的最优化问题：

$$\max_{w_{Si}, f_{Si}} \pi_{SM}(x_{Si}) = (w_{Si} - c_0)q_{Si}/(1 - t) - f_{Si} - k_i x_{Si}^2$$

$$\text{s. t. } q_{Si} \geq 0, i = L, H \qquad (5.5)$$

求解上面的优化问题，于是可以得到最优产品绿色水平。

命题5.1　在给定合同 $\{w_{Si}, f_{Si}\}$ $(i = L, H)$ 后，生产商的最优产品绿色水平为：

$$x_{Si}(w_{Si}, f_{Si}) = \frac{a(w_{Si} - c_0)}{2k_i(1 - t)}$$

证明：将式（5.5）中生产商的利润函数 $\pi_{SM}(x_{Si})$ 对 x_{Si} 求一阶偏导数，进而可以求出二阶偏导数，于是有 $\frac{\partial \pi_{SM}^2(x_{Si})}{\partial x_{Si}^2} = -2k_i < 0$，所以 $\pi_{SM}(x_{Si})$ 关于 x_{Si} 是凹函数，存在唯一的最优解。令 $\pi_{SM}(x_{Si})$ 关于 x_{Si} 一阶偏导数为零，可以得到一阶条件 $\frac{\partial \pi_{SM}(x_{Si})}{\partial x_{Si}} = 0$，求解这个方程，于是可得最优的产品绿色水平。证毕。

由命题5.1可以看出，平台的单位产品支付价格 w_{Si} 必须大于产品的单位成本 c_0，否则生产商没有意愿去提高产品的绿色水平。在平台给定合同后，产品的最优绿色水平与平台的单位产品支付价格、网络强度、在线消费者对产品绿色水平的敏感性、产品的生产成本以及绿色成本系数相关。

在信息对称的情况下，平台知道生产商的绿色成本类型 $i(i = H, L)$，在此条件下，平台设计合同 $\{w_{Si}, f_{Si}\}$，以最大化自身利益。于是，可以得到下面的约束最优化问题：

$$\max_{w_{Si}, f_{Si}} \pi_P(w_{Si}, f_{Si}) = p(1 - \alpha)q(x_{Si}^*)/(1 - t) - w_{Si}q(x_{Si}^*) + f_{Si}$$

$$\text{s. t. } (IR)\ \pi_{Mi}(w_{Si}, f_{Si}) \geq \pi_0$$

$$w_{Si} > c_0, i = L, H \qquad (5.6)$$

上述问题中，约束（IR）为个体理性约束，其中，π_0 表示生产商的保留利润。约束（IR）表示生产商接受平台设计的合同时所获得的利润不少于其保留利润，否则生产商会拒绝合同。根据上面的约束优化问题，通过构造拉格朗日函数，采用KKT条件（Kaeush - Kuhn - Tucker conditions）求解，于是得到下面的命题5.2。

命题 5.2 绿色生产成本信息对称的情况下，平台的最优合同 $\{w_{Si}^*, f_{Si}^*\}$ $(i = H, L)$ 为：

$$w_{Si}^* = p(1 - \alpha), f_{Si}^* = \frac{b(4k_i(d - p)(1 - t) + ba^2)}{4k_i(1 - t)^2} - \pi_0$$

其中，$b = p(1 - \alpha) - c_0$，由 $p(1 - \alpha) \geqslant w_{Si}$、$w_{Si} > c_0$ 可知 $b > 0$。

证明：将 $x_{Si}(w_{Si}, f_{Si})$ 分别代入到最优化问题（5.6）中的目标函数 $\pi_P(w_{Si}, f_{Si})$ 和约束函数 $\pi_{Mi}(w_{Si}, f_{Si})$ 中，对目标函数 $\pi_P(w_{Si}, f_{Si})$ 求 w_{Si} 的一阶偏导数，进而可得二阶偏导数 $\frac{\partial \pi_P^2(w_{Si}, f_{Si})}{\partial w_{Si}^2} = \frac{-a^2}{k_i(1 - t)^2} < 0$；再对 f_{Si} 求一阶偏导数，于是有 $\frac{\partial \pi_P(w_{Si}, f_{Si})}{\partial f_{Si}} = -1$，所以 $\pi_P(w_{Si}, f_{Si})$ 关于 w_{Si} 是凹函数，且关于 f_{Si} 是线性的，故存在内点解 w_{Si}^* 和角点解 f_{Si}^*，即存在唯一最优解。根据约束优化问题的求解方法，通过构造拉格朗日函数，将约束优化问题转化为无约束优化问题，于是有：

$$L(w_{Si}, f_{Si}; \lambda) = \pi_P(w_{Si}, f_{Si}) + \lambda(\pi_{Mi}(w_{Si}, f_{Si}) - \pi_0)$$

其中，$i = H, L$。根据上面的拉格朗日函数，于是可以得到相应的 K – T（Kuhn – Tucker conditions）条件为：

$$\begin{cases} \dfrac{\partial L}{\partial w_{Si}} = \dfrac{-2k_i(d - p)(1 - t)(1 - \lambda) + a^2(c_0 + p - p\alpha - w_{Si}(2 - \lambda) - c_0\lambda)}{2k_i(1 - t)^2} = 0 \\[3mm] \dfrac{\partial L}{\partial f_{Si}} = 1 - \lambda = 0 \\[3mm] \lambda \dfrac{\partial L}{\partial \lambda} = \lambda \left(\dfrac{a^2(c_0 - w_{Si})^2 - 4k_i(1 - t)(f_{Si} + c_0(d - p) - tf_{Si} - (d - p)w_{Si})}{4k_i(1 - t)^2} - \pi_0 \right) = 0 \end{cases}$$

其中，$\frac{\partial L}{\partial \lambda} \geqslant 0$、$\lambda \geqslant 0$。

求解上面的方程组，得到唯一的一组解 (w_{Si}^*, f_{Si}^*)。将 w_{Si}^*，f_{Si}^* 分别代入 $x_{Si}(w_{Si}, f_{Si})$、$\pi_{Mi}(w_{Si}, f_{Si})$ 和 $\pi_P(w_{Si}, f_{Si})$ 中，于是就得到了最优的绿色水平、生产商和平台的期望利润。证毕。

命题 5.2 给出了平台在线销售中对称信息情况下的最优合同，可以看出，平台给予生产商的单位产品支付价格与平台的网络效应无关，与产品的死亡率有关，当死亡率越高，单位产品支付价格就越低，反之亦然。注意，这里的转移支付 $f_{Si}^* > 0$，这是因为平台制定合同，因此会首先保证自身的利益，所以 $\pi_P(w_{Si}^*, f_{Si}^*) > 0$。这表明，当平台制定合同时会给予生产商一定的单位支付，但是会收取一定的入驻费用，这是由于平台拥有一定的网络外部性，而且在线消费者的绿色敏感性和网络外部性越强，平台收取的入驻费用越高。同时，平台的网络外部性越强，说明在线消费者购买的需求也越强，生产商通过平台销售的产品可能也会越多。

5.3.2　信息不对称时的合同设计

在信息不对称情况下，平台无法观测到生产商的产品绿色水平和成本类型，因此需要进行信息甄别。在给定合同 $\{w_{Ai}, f_{Ai}\}$（$i = H$，L）的情况下，i 类型生产商先决定产品的绿色水平。由问题（5.5）可以类似地得出信息不对称情况下生产商的利润函数为：

$$\max_{w_{Ai}, f_{Ai}} \pi_{AM}(x_{Ai}) = (w_{Ai} - c_0) q_{Ai} / (1 - t) - f_{Ai} - k_i x_{Ai}^2 \tag{5.7}$$

将式（5.7）中利润函数 π_{AM} 对 x_{Ai} 求一阶偏导数，进而可以求出二阶偏导数，由于 $\dfrac{\partial \pi_{AM}^2(x_{Ai})}{\partial x_{Ai}^2} = -2k_i < 0$，所以 $\pi_{AM}(x_{Ai})$ 是关于 x_{Ai} 的凹函数。再令 $\pi_{AM}(x_{Ai})$ 关于 x_{Ai} 的一阶偏导数为零，可得一阶条件 $\dfrac{\partial \pi_{AM}(x_{Ai})}{\partial x_{Ai}} = 0$，求解这个方程，于是可以得到 $x_{Ai}(w_{Ai}, f_{Ai}) = \dfrac{a(w_{Ai} - c_0)}{2k_i(1 - t)}$。

将 $x_{Ai}(w_{Ai}, f_{Ai})$ 分别代入平台和生产商的利润函数，参考陈（Chen，2005）、黄等（Huang et al.，2016）以及金亮等（2017）的文献，根据显示原理，可将平台的合同设计问题转化为下面的约束优化问题：

$$\max_{w_{AH}, f_{AH}, w_{AL}, f_{AL}} \pi_P = \frac{1}{2} \pi_P(w_{AH}, f_{AH}) + \frac{1}{2} \pi_P(w_{AL}, f_{AL})$$

$$\text{s. t. (IC - H) } \pi_{MH}(w_{AH}, f_{AH}) \geqslant \pi_{MH}(w_{AL}, f_{AL})$$

$$(IC - L) \pi_{ML}(w_{AL}, f_{AL}) \geq \pi_{ML}(w_{AH}, f_{AH})$$

$$(IR - H) \pi_{MH}(w_{AH}, f_{AH}) \geq \pi_0$$

$$(IR - L) \pi_{ML}(w_{AL}, f_{AL}) \geq \pi_0$$

$$w_{Ai} > c_0, i = L, H \tag{5.8}$$

在上面的问题中，π_P 为平台在生产商绿色生产成本为高低两种类型下获得的总期望利润。约束（IC-i）为激励相容约束，约束（IC – H）表示高成本时生产商的参与约束，即生产商在高成本时获得的利润不低于其谎报成低成本时获得的利润；约束（IC – L）表示低成本时生产商的参与约束，即生产商在低成本时获得的利润不低于其谎报成高成本时获得的利润。约束（IR-i）为个体理性约束，表明生产商的利润不低于其保留利润的时候才会选择与平台合作。类似于信息对称的求解方法，采用 KKT 求解法，于是得到下面的命题 5.3。

命题 5.3 在信息不对称的情况下，平台最优的合同 $\{w_{Ai}^*, f_{Ai}^*\}$（$i = H$，L）分别为：

$$w_{AH}^* = \frac{bk_L}{k_H} + c_0 \quad f_{AH}^* = \frac{bk_L(4k_H^2(d-p)(1-t) + a^2bk_L)}{4k_H^3(1-t)^2} - \pi_0$$

$$w_{AL}^* = p(1 - \alpha) \quad f_{AL}^* = \frac{4bk_H^3k_L(d-p)(1-t) + a^2b^2(k_H^3 - k_Hk_L^2 + k_L^3)}{4k_Lk_H^3(1-t)^2} - \pi_0$$

证明：将信息不对称情况下生产商的产品绿色水平 $x_{Ai}(w_{Ai}, f_{Ai})$ 分别代入到问题（5.8）中的目标函数和约束函数。和命题 5.2 类似，在约束（IR-i）下，目标函数存在角点解 f_{Ai}^* 和内点 w_{Ai}^*，于是，存在唯一的最优解。

因为 $\pi_{ML}(w_{AH}, f_{AH}) - \pi_{MH}(w_{AH}, f_{AH}) = \dfrac{a^2(k_H - k_L)(w_H - c_0)^2}{4k_Hk_L(1-t)^2} > 0$，由约束条件（IR – L）和（IR – H）可知 $\pi_{ML}(w_{AL}, f_{AL}) \geq \pi_{ML}(w_{AH}, f_{AH})$、$\pi_{ML}(w_{AH}, f_{AH}) \geq \pi_0$，于是可以得出 $\pi_{ML}(w_{AL}, f_{AL}) > \pi_{ML}(w_{AH}, f_{AH}) \geq \pi_0$。因此，约束条件（IR – L）可以忽略。根据约束优化问题的求解方法，通过构造拉格朗日函数，将约束优化问题转化为无约束优化问题，于是有：

$$L(w_{Ai}, f_{Ai}; \lambda_j) = \frac{1}{2}\pi_P(w_{AH}, f_{AH}) + \frac{1}{2}\pi_P(w_{AL}, f_{AL})$$

$$+\lambda_1\left(\pi_{MH}(w_{AH},f_{AH})-\pi_{MH}(w_{AL},f_{AL})\right)$$

$$+\lambda_2\left(\pi_{ML}(w_{AL},f_{AL})-\pi_{ML}(w_{AH},f_{AH})\right)$$

$$+\lambda_3\left(\pi_{MH}(w_{AH},f_{AH})-\pi_0\right)$$

其中，$i=H$，L，$j=1$，2，3。进而得到相应的 K–T 条件为：$\dfrac{\partial L}{\partial w_{Ai}}=\dfrac{\partial L}{\partial f_{Ai}}=0$、

$\dfrac{\partial L}{\partial \lambda_j}\geqslant0$、$\lambda_j\geqslant0$ 且 $\lambda_j\dfrac{\partial L}{\partial \lambda_j}=0$，$i=H$，$L$，$j=1$，$2$，$3$。

联立上面的方程，得到四组解，只有一组满足拉格朗日乘子非负约束条件，即 $\lambda_1=0$、$\lambda_1=\dfrac{1}{2}$、$\lambda_3=1$，此时得到 (w_{AH}^*,f_{AH}^*) 和 (w_{AL}^*,f_{AL}^*)。分别将 (w_{AH}^*,f_{AH}^*) 和 (w_{AL}^*,f_{AL}^*) 代入式（5.7）、式（5.8）以及 $x_{Ai}(w_{Ai},f_{Ai})$ 中，可以得到成本信息不对称情况下在线销售成员的最优利润以及产品的绿色水平。证毕。

命题 5.3 给出了平台最优的合同设计，可以看出，当绿色生产成本系数较低时，平台的单位支付 w_{AL}^* 仅与产品的死亡率有关；当绿色生产成本系数较高时，平台的单位支付 w_{AH}^* 不仅与产品的死亡率有关，而且与产品的生产成本有关。不论成本系数高或低，转移支付 f_{Ai}^* 与在线消费者对产品绿色水平的敏感度、生产成本、死亡率以及平台的网络外部性都有关。

通过对命题 5.2 和命题 5.3 的观察和比较得出下面的性质 5.1。

性质 5.1 对于不同绿色生产成本类型的生产商，平台的最优合同存在如下特点：

$$w_{AH}^*<w_{AL}^* \qquad f_{AH}^*<f_{AL}^*$$

证明：直接作差比较，有 $w_{AH}^*-w_{AL}^*=-\dfrac{b(k_H-k_L)}{k_H}<0$，

$f_{AH}^*-f_{AL}^*=\dfrac{-b(k_H-k_L)(4k_Hk_L(d-p)(1-t)+a^2b(k_H+k_L))}{4k_Lk_H^2(1-t)^2}<0$。证毕。

性质 5.1 表明对于不同成本类型的生产商，平台的最优合同也会有所不同。当生产商的绿色生产成本系数较高时，平台给予生产商较低的单位支付，同时收取较低的入驻费用。这是因为较高的成本系数说明生产商的绿色生产效

率较低，因此会降低产品的竞争性，平台可以适当压价，同时，为了保证合同的执行，激励生产商对产品的绿色投入，故收取较低的入驻费用。这说明高成本类型下，平台应采取低入驻费用激励模式。当生产商的绿色生产成本系数较低时，平台给予生产商较高的单位支付，同时收取较高的入驻费用。这是因为较低的成本系数说明生产商的绿色生产效率较高，因此，平台会适当提高单位支付以鼓励生产商增加产品的绿色投入，同时，为了保证自己的利润，故收取较高的入驻费用。这说明低成本类型下，平台应采取高单位支付激励模式。

下面的性质 5.2 给出了产品死亡率、网络外部性以及不对称信息对最优决策的影响。

性质 5.2 （i）$\dfrac{\partial w_{Ai}^*}{\partial \alpha} < 0$，$\dfrac{\partial w_{Ai}^*}{\partial t} = 0$；（ii）$\dfrac{\partial f_{Ai}^*}{\partial \alpha} < 0$，$\dfrac{\partial f_{Ai}^*}{\partial t} > 0$；当 $t < \alpha$ 或 $t - \alpha < \dfrac{c_0}{p}$ 时，有 $\left|\dfrac{\partial f_{Ai}^*}{\partial t}\right| < \left|\dfrac{\partial f_{Ai}^*}{\partial \alpha}\right|$；当 $t - \alpha > \dfrac{c_0}{p}$ 时，有 $\left|\dfrac{\partial f_{Ai}^*}{\partial t}\right| > \left|\dfrac{\partial f_{Ai}^*}{\partial \alpha}\right|$。（iii）$\dfrac{\partial x_{Ai}^*}{\partial \alpha} < 0$，$\dfrac{\partial x_{Ai}^*}{\partial t} > 0$；当 $t - \alpha > \dfrac{c_0}{p}$ 时，有 $\left|\dfrac{\partial x_{Ai}^*}{\partial t}\right| > \left|\dfrac{\partial x_{Ai}^*}{\partial \alpha}\right|$；当 $t < \alpha$ 或 $t - \alpha < \dfrac{c_0}{p}$ 时，有 $\left|\dfrac{\partial x_{Ai}^*}{\partial t}\right| < \left|\dfrac{\partial x_{Ai}^*}{\partial \alpha}\right|$。

证明：（i）根据命题 5.3 中的结果，将 w_{AH}、w_{AL} 分别对 α 和 t 求一阶偏导，于是有 $\dfrac{\partial w_{AH}}{\partial \alpha} = -\dfrac{pk_2}{k_1} < 0$、$\dfrac{\partial w_{AL}}{\partial \alpha} = -p < 0$，进而有 $\dfrac{\partial w_{Ai}^*}{\partial \alpha} < 0$，同理可得 $\dfrac{\partial w_{Ai}^*}{\partial t} = 0$。

（ii）和（i）的证明方法类似，然后将 $\left|\dfrac{\partial f_{Ai}^*}{\partial \alpha}\right|$ 与 $\left|\dfrac{\partial f_{Ai}^*}{\partial \alpha}\right|$ 做差即可得到。（iii）和（i）的证明方法类似，然后将 $\left|\dfrac{\partial x_{Ai}^*}{\partial t}\right|$ 与 $\left|\dfrac{\partial x_{Ai}^*}{\partial \alpha}\right|$ 做差即可得到。证毕。

性质 5.2（i）说明平台给生产商的单位支付随着产品死亡率的提高而减少，与常规思维所不同的是，单位支付的多少与平台的网络外部性没有关系。性质 5.2（ii）说明平台向生产商索要的入驻费用随着产品死亡率的提高而减少，而随着网络外部性的增加而提高。同时，当网络的外部性大于产品的死亡率且其差值大于产品的成本率时，网络外部性对入驻费用的影响要高于产品死亡率的影响；反之，当网络外部性小于产品的死亡率或其差值小于产品的成本率时，网络外部性对入驻费用的影响要小于产品死亡率的影响。性质 5.2（iii）说明产品绿色水平与死亡率负相关，与网络外部性正相关。这说明网络外部性的增强有助于生产商对产品绿色水平的提升，产品绿色水平的提升又能够有效地降低死亡率。同时，当网络外部性小于产品的死亡率或其差值小于产品的成本率时，产品死亡率对其绿色水平的影响要高于网络外部性的影响；反之，当网络外部性大于产品的死亡率且其差值大于产品的成本率时，网络外部性对产品绿色水平的影响要高于产品死亡率的影响。

5.4　信息价值的分析

本节主要对合同的有效性进行了分析，通过信息对称与不对称下最优决策、生产商以及平台期望利润的比较，分析合同的有效性、不对称信息对最优决策以及信息价值的影响。

5.4.1　合同的有效性分析

将命题 5.3 中最优合同 $\{w_{Ai}^*, f_{Ai}^*\}$ 分别代入问题（5.8）的约束条件（IC-i）中，于是可以得到绿色生产成本系数高、低两种情况下生产商真实和谎报时所获得的期望利润分别为：

$$\pi_{MH}(w_{AH}^*, f_{AH}^*) = \pi_0, \quad \pi_{MH}(w_{AL}^*, f_{AL}^*) = \pi_0 - \frac{a^2 b^2 (k_H - k_L)^2 (k_H + k_L)}{4 k_H^3 k_L (1-t)^2} \quad (5.9)$$

$$\pi_{ML}(w_{AL}^*, f_{AL}^*) = \pi_0 + \frac{a^2 b^2 k_L (k_H - k_L)}{4 k_H^3 (1-t)^2}, \quad \pi_{ML}(w_{AH}^*, f_{AH}^*) = \pi_0 + \frac{a^2 b^2 k_L (k_H - k_L)}{4 k_H^3 (1-t)^2}$$

$$(5.10)$$

由上面的结果可以得出下面的推论 5.1。

推论 5.1　不同类型的生产商真实和谎报情况下的期望利润的关系如下：

$$\pi_{ML}(w_{AL}^*, f_{AL}^*) = \pi_{ML}(w_{AH}^*, f_{AH}^*), \quad \pi_{MH}(w_{AH}^*, f_{AH}^*) > \pi_{MH}(w_{AL}^*, f_{AL}^*)$$

证明：将式（5.9）和式（5.10）中的结果直接做差即可。证毕。

由（5.10）可知，当绿色生产成本系数较低时，生产商谎报并不会使其收益增加（$\pi_{ML}(w_{AL}^*, f_{AL}^*) = \pi_{ML}(w_{AH}^*, f_{AH}^*)$），因此，此时生产商没有谎报的动机。当绿色生产成本系数较高时，生产商谎报时所获得的利润严格低于其不谎报时所获得的利润，因此，生产商也没有谎报的动机。所以，在平台给出的合同下，生产商均能够如实地披露其真实的绿色生产成本信息，并选择相对应的合同，进一步地得出下面的推论5.2。

推论5.2   不同成本类型生产商的利润与保留利润的关系如下：

$$\pi_{MH}(w_{AH}^*, f_{AH}^*) = \pi_0, \quad \pi_{ML}(w_{AL}^*, f_{AL}^*) > \pi_0$$

证明：和推论5.1类似。证毕。

推论5.2表明，当绿色生产成本系数较高时，生产商接受合同后得到的收益仅为保留利润。当绿色生产成本系数较低时，生产商接受合同后得到的收益大于保留利润。这是因为较低成本系数意味着更高的生产效率，这说明高效率带来了更多的利润，同时也增加了生产商和平台讨价还价的能力。

5.4.2   不对称信息对最优决策的影响

为了得出不对称信息对平台合同的影响，将信息对称与不对称时的最优合同进行比较，于是得出下面的推论5.3。

推论5.3   信息对称与不对称情况下的最优决策之间的关系如下：

（i）$w_{AH}^* < w_{SH}^*$，$f_{AH}^* < f_{SH}^*$，$x_{AH}^* < x_{SH}^*$；（ii）$w_{AL}^* = w_{SL}^*$，$f_{AL}^* < f_{SL}^*$，$x_{AL}^* = x_{SL}^*$。

证明：首先证（i），将信息对称情况下的最优决策与信息不对称情况下的最优决策做差比较，于是有 $w_{AH}^* - w_{SH}^* = \dfrac{-b(k_H - k_L)}{k_H} < 0$、$x_{SH}^* - x_{AH}^* = $

$\dfrac{-ab(k_H - k_L)}{2k_1^2(1-t)} < 0$、$f_{SH}^* - f_{AH}^* = \dfrac{(k_H - k_L)(4k_H^2(d-p)(1-t) + a^2 b(k_H + k_L))b}{4k_H^3(1-t)^2} > 0$，

因此（i）成立。再证（ii），方法和（i）类似，通过做差，有 $w_{AL}^* - w_{SL}^* = 0$、

$f_{AL}^* - f_{SL}^* = \dfrac{a^2 b^2 k_L(k_H - k_L)}{4k_H^3(1-t)^2} > 0$ 以及 $x_{AL}^* - x_{SL}^* = 0$，因此（ii）成立。证毕。

推论 5.3（i）说明，当存在信息不对称时，平台能够通过制定不同的单位支付和固定支付来设计合同激励生产商参与合作的积极性。当绿色生产成本系数较高时，生产商提高产品绿色水平的动机在减少（$x_{AH}^* < x_{SH}^*$），由于不了解真实的成本信息，平台会给予生产商较低的单位支付（$w_{AH}^* < w_{SH}^*$），同时，为了减轻生产商的成本负担，激励生产商提高产品的绿色水平，收取较低的入驻费用（$f_{AH}^* < f_{SH}^*$）。（ii）说明，当绿色生产成本系数较低时，生产商的生产效率提高，为了激励生产商提高产品的绿色水平，平台会提高产品的单位支付，且达到信息对称时的最优值（$w_{AL}^* = w_{SL}^*$），同时收取较少的入驻费用（$f_{AL}^* < f_{SL}^*$）。由于信息不对称的存在，平台能够通过调整单位支付和入驻费用的形式来激励生产商提高产品的绿色投入。

性质 5.3 不对称信息对最优决策的影响：

（i）$\dfrac{\partial w_L^*}{\partial k_L} = 0$，$\dfrac{\partial w_{AH}^*}{\partial k_H} < 0$；（ii）$\dfrac{\partial f_L^*}{\partial k_L} < 0$，$\dfrac{\partial f_H^*}{\partial k_H} < 0$；（iii）$\dfrac{\partial x_H^*}{\partial k_H} < 0$，$\dfrac{\partial x_L^*}{\partial k_L} < 0$。

证明：（i）对 w_{AH}^* 求 k_H 的一阶偏导数，可以得到 $\partial w_{AH}^* / \partial k_H = -bk_2/k_1^2 < 0$，同理可得 $\partial w_{AL}^* / \partial k_L = \partial w_{SL}^* / \partial k_L = 0$，于是 $\partial w_L^* / \partial k_L = 0$。（ii）与（iii）类似，分别求 f_H^* 关于 k_H 的一阶偏导数、f_L^* 关于 k_L 的一阶偏导数、x_H^* 关于 k_H 的一阶偏导数、x_L^* 关于 k_L 的一阶偏导数，由于 $\dfrac{\partial f_{SL}^*}{\partial k_L} = \dfrac{-a^2b^2}{4k_L^2(1-t)^2} < 0$、$\dfrac{\partial f_{AL}^*}{\partial k_L} = \dfrac{-a^2b^2(k_H^3 + k_Hk_L^2 - 2k_L^3)}{4k_H^3k_L^2(1-t)^2} < 0$，于是有 $\dfrac{\partial f_L^*}{\partial k_L} < 0$。同理可得 $\dfrac{\partial f_H^*}{\partial k_H} < 0$、$\dfrac{\partial x_H^*}{\partial k_H} < 0$、$\dfrac{\partial x_L^*}{\partial k_L} < 0$。证毕。

性质 5.3（i）说明，当生产商的绿色生产成本系数较低时，不对称信息对平台的单位支付不会产生影响，这是因为平台为了激励生产商提高产品的绿色水平，尽可能地支付较高的单位价格，以保证生产商能从提高产品的绿色水平中获利；当生产商的绿色生产成本系数较高时，信息不对称情况下平台的单位支付会减少，这是因为平台不了解生产商的真实成本信息以及产品的绿色水平，因此，保守起见，而降低产品的单位支付。性质 5.3（ii）说明无论生产商的绿色生产成本系数较低或较高，不对称信息对平台收取的入驻费用都有消极的影响,这是因为平台没有产品生产成本信息,要想生产商提升产品的绿色水平,就必须给予生产商一定的补偿,而减少入驻费用的收取就是一种变相的补偿。性质 5.3(iii)表明无论生产商的绿色生产成本系数较低或较高,不对称信息对生产商提升产品的绿色水平都有消极的影响,这是因为当绿色生产成本系数较高时,生产商提升产品绿色水平的动机降低,而当绿色生产成本系数较低时,生产商并没有从信息的不对称中获得更多的单位支付。

5.4.3 信息的价值

下面将分析不对称信息对平台、生产商以及在线销售系统利润的影响。

性质 5.4 信息的不对称性对平台、生产商以及在线销售系统利润的影响如下:

(i) $v_{MH} = 0$,$v_{ML} > 0$;(ii) $v_{Pi} < 0$;(iii) $v_H < 0$,$v_L = 0$。

其中,$v_{Mi} = \pi_{Mi}(w_{Ai}^*, f_{Ai}^*) - \pi_{Mi}(w_{Si}^*, f_{Si}^*)$,$v_{Pi} = \pi_{Pi}(w_{Ai}^*, f_{Ai}^*) - \pi_{Pi}(w_{Si}^*, f_{Si}^*)$,$v_i = v_{Mi} + v_{Pi}$,$i = H$,$L$。

证明:(i)通过比较两种情况下生产商的利润可以得到 $v_{MH} = 0$、$v_{ML} = \dfrac{a^2 b^2 k_L (k_H - k_L)}{4 k_H^3 (1-t)^2} > 0$;(ii)同理,比较两种情况下平台的期望利润,于是有

$v_{PH} = \dfrac{-a^2 b^2 (k_H - k_L)^2}{4 k_H^3 (1-t)^2} < 0$、$v_{PL} = \dfrac{-a^2 b^2 k_L (k_H - k_L)}{4 k_H^3 (1-t)^2} < 0$,所以 $v_{Pi} < 0$;(iii)由

(i)和(ii)可得,$v_H = v_{MH} + v_{PH} = \dfrac{-a^2 b^2 (k_H - k_L)^2}{4 k_H^3 (1-t)^2} < 0$、$v_L = v_{ML} + v_{PL} = 0$。

证毕。

性质 5.4(i)表明,生产商有信息,并可能从不对称信息中获利。当绿色生产成本系数较高时,平台会给予生产商较低的单位支出,同时会收取较低的入驻费用,因此抵消了单位支出低带来的损失;当绿色生产成本系数较低时,生产商的绿色生产效率较高,而平台由于不了解生产商的成本信息,不敢盲目地增加或降低单位支出,同时,为了激励生产商提高产品的绿色水平,而

会收取较低的入驻费用，因此，使得生产商获得更多的利润（$v_{ML} > 0$）。性质 5.4（ii）表明，平台处于信息劣势，因此处于不利地位。对于平台而言，当绿色生产成本系数较高时，由于不了解生产商的成本信息，平台选择较少的单位支出，这使得生产商提高产品绿色水平的动机降低，于是平台减少了需求量，虽然其收取较少的入驻费用，但是无法弥补需求减少带来的损失。当绿色生产成本系数较低时，由于生产商绿色生产效率提高，产品竞争性增强，市场地位得到提升，因此，平台无法压低单位支付，同时，为了激励生产商进行产品的绿色投入，平台降低了入驻费用的收取，因此，期望利润减少。性质4（iii）表明，不对称信息的存在对在线销售系统不一定都是不利的。当绿色生产成本系数较高时，不对称信息对在线销售系统不利，这是由平台的期望利润减少造成的，与此同时，生产商的期望利润并没有增加。当绿色生产成本系数较低时，不对称信息导致了在线销售系统中利益的重新分配，因此，并没有产生不利的影响。这是因为平台的期望利润减少的同时生产商的期望利润增加了，而且彼此减少和增加的量相等（$|v_{ML}| = |v_{PL}|$）。

性质 5.5 不对称信息以及网络外部性对信息价值的影响：

（i）当 $k_H < 2k_L$ 时，$\dfrac{\partial |v_H|}{\partial k_H} > 0$，$\dfrac{\partial |v_{ML}|}{\partial k_L} < 0$，$\dfrac{\partial |v_{PL}|}{\partial k_L} < 0$，$\dfrac{\partial |v_{PH}|}{\partial k_H} > 0$；

（ii）当 $k_H < 2k_L$ 时，$\dfrac{\partial^2 |v_H|}{\partial k_H \partial t} > 0$，$\dfrac{\partial^2 |v_{ML}|}{\partial k_L \partial t} < 0$，$\dfrac{\partial^2 |v_{PL}|}{\partial k_L \partial t} < 0$，$\dfrac{\partial^2 |v_{PH}|}{\partial k_H \partial t} > 0$。

证明：根据性质 5.4 的证明，（i）分别求 $|v_H|$ 关于 k_L 的一阶偏导数、$|v_{ML}|$ 关于 k_L 的一阶偏导数、$|v_{PL}|$ 关于 k_L 的一阶偏导数、$|v_{PH}|$ 关于 k_H 的一阶偏导数即可得到。（ii）在（i）的基础上，分别再对 t 求偏导，于是有 $\dfrac{\partial^2 |v_H|}{\partial k_H \partial t} > 0$、$\dfrac{\partial^2 |v_{ML}|}{\partial k_L \partial t} < 0$、$\dfrac{\partial^2 |v_{PL}|}{\partial k_L \partial t} < 0$、$\dfrac{\partial^2 |v_{PH}|}{\partial k_H \partial t} > 0$。证毕。

性质 5.5（i）表明，高低绿色成本系数差在一定范围内时（$k_H < 2k_L$），当绿色成本系数较低时，不对称信息会加速生产商边际利润的减少，而对平台来说则相反。这是因为在绿色成本系数较低时，生产商并没有从信息的不对称中获得平台更多的单位支付。当绿色成本系数较高时，不对称信息会加剧平台期望利润的减少，同时造成在线销售系统期望利润的减少。这是因为在绿色成

本系数较高时，平台会根据信息的不对称性压低产品的单位支付，从而降低生产商提高产品绿色水平的动力，造成产品质量下降、需求降低，进而使自身和在线销售系统的期望利润减少。性质 5.5（ii）表明，网络的外部性能够减缓信息不对称性对生产商的不利影响。当绿色成本系数较低时，网络的外部性能够有效地遏制信息不对称性对平台的不利影响；当绿色成本系数较高时，网络外部性加速了信息不对称性对平台的不利影响，同时也加速了对在线销售系统的不利影响。这是因为随着 k_H 的增大，平台收取入驻费用减少的速度要小于单位支付减少所产生的收益，因此造成自身收益的减少，同时，在线销售系统的收益也将减少。

5.5　数 值 分 析

为了更加直观地体现上述理论分析，本节给出一些数值算例，同时得到更多的管理意义。参考刘（Liu，2016）、李（2016）以及金亮（2017）的文献中参数的选取，假设 $d = 2$、$p = 1$、$c_0 = 0.5$、$\pi_0 = 0.2$、$a = 0.5$，分别考虑参数 α、t、$k_i(i = A，S)$ 对最优合同以及信息价值的影响。

5.5.1　最优合同分析

首先考虑 α 对固定支付的影响，设置参数 $k_L = 0.2$、$k_H = 0.3$、$t = 0.6$、$\alpha = [0.1，0.2]$。根据上面参数的设置得到图 5.2。从图 5.2 中可以看出，随着 α 的增大，f_{Ai}^* 和 f_{Si}^* 都在减少，即平台向生产商所收取的入驻费用在减少。不对称信息下的固定支付要低于信息对称下的固定支付（$f_{Ai}^* < f_{Si}^*$），这表明不对称情况下，平台收取的入驻费用要低于信息对称情况。同时，可以发现，绿色生产成本系数较低时，$f_{jL}^*(j = A，S)$ 的倾斜度要高于绿色生产成本系数较高时 f_{jH}^* 的倾斜度，这说明 α 对 f_{jL}^* 的影响要高于 f_{jH}^*。

考虑 k_L 对 w_L^* 的影响时，固定 $k_H = 0.4$，$k_L \in [0.22，0.38]$，$\alpha = \{0.1，$

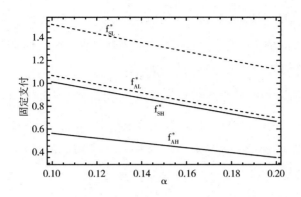

图 5.2　α 对固定支付的影响

0.15，0.2}，t = 0.6；考虑 k_H 对 f_H^* 的影响时，固定 $k_L = 0.2$，$\alpha = 0.15$，$k_H \in$ [0.22，0.38]，t = {0.4，0.6，0.6}；考虑 k_L 对 f_L^* 的影响时，固定 $k_H = 0.4$，$\alpha = 0.15$，$k_L \in$ [0.22，0.38]，t = {0.5，0.6，0.7}。基于上面参数的设置，得到图 5.3、图 5.4 和图 5.5。

从图 5.3 中可以看出，随着 k_L 的增大，w_{AL}^* 在逐渐减小，这表明信息的不对称性对单位支付有负面影响，而 w_{SL}^* 不会发生改变。随着 α 的增大，w_{SL}^* 减少的幅度要大于 w_{AL}^*，这说明 α 对 w_{SL}^* 的影响要强于 w_{AL}^*。同时，可以看出，对于相同的 α 有 $w_{AL}^* < w_{SL}^*$，这说明相较于信息对称的情况，不对称信息下平台会尽量减少产品的单位支付。

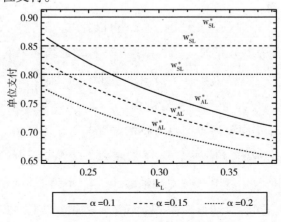

图 5.3　k_L 对单位支付的影响

图 5.4 表明 f_H^* 与 k_H 负相关，这说明高成本系数情况下，随着信息不对称的增强，平台收取的入驻费用在逐渐减少。对于相同的 t 而言有 $f_{AH}^* < f_{SH}^*$，这说明信息不对称情况下平台收取的入驻费用要低。同时，能够发现 f_{AH}^* 的弯曲程度较大，而 f_{SH}^* 相对比较平坦，这说明 k_H 对 f_{AH}^* 的影响要强于 f_{SH}^*。对于不同的 t 而言，随着网络外部性 t 的增强，f_H^* 越来越大，这说明随着网络外部性增强，平台会收取更多的入驻费用。能够看出，f_H^* 增加的幅度不是等倍的，而且越来越呈阶梯形增加。同时，还可以发现，随着 t 的增加，f_H^* 的弯曲程度也在增加，这说明 t 对 f_H^* 的影响在逐渐增强。

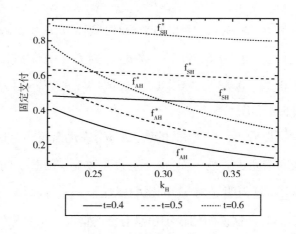

图 5.4　k_H 对固定支付的影响

图 5.5 给出了 k_L 对固定支付的影响，可以看出，随着 k_L 的增加，f_L^* 在减少，这说明当成本系数较低时，随着信息不对称性的增强，平台收取的入驻费用越来越少，由于 f_L^* 的幅度越来越平坦，这说明信息不对称性的影响越来越低。对于相同的 t 而言，和图 5.4 恰恰相反，$f_{AL}^* > f_{SL}^*$，这说明信息不对称情况下平台收取的入驻费用要高于信息对称的情况。对于不同的 t 而言，和图 5.4 类似，随着网络外部性 t 的增强，f_L^* 越来越大，这说明随着网络外部性增强，平台会收取更多的入驻费用。由此能够看出，f_L^* 不是等倍增加的，而是越来越呈阶梯形增加。同时，还可以发现，随着 t 的增加，f_H^* 的弯曲程度也在增加，这说明 t 对 f_H^* 的影响在逐渐增强。

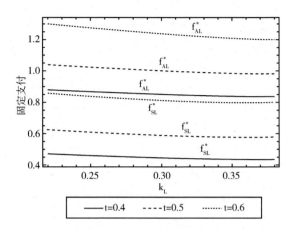

图 5.5 k_L 对固定支付的影响

5.5.2 信息价值的分析

考虑 k_H 对 v_{MH}^* 和 v_{PH}^* 的影响时，固定 $k_L = 0.2$、$k_H \in [0.22, 0.38]$、$\alpha = 0.15$、$t = \{0.4, 0.5, 0.6\}$；考虑 k_L 对 v_{MH}^* 和 v_{PH}^* 的影响时，固定 $k_H = 0.4$、$k_H \in [0.22, 0.38]$、$\alpha = 0.15$、$t = \{0.4, 0.5, 0.6\}$。基于上面参数的设置，得到图 5.6 和图 5.7。

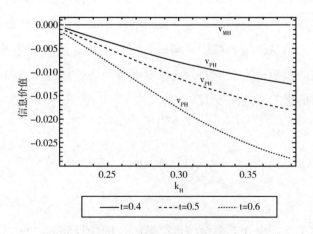

图 5.6 k_H 对信息价值的影响

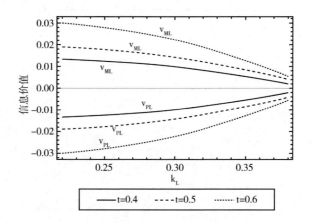

图 5.7　k_L 对信息价值的影响

图 5.6 表示成本系数较高时信息不对称性对信息价值的影响，从图 5.6 中可以看出，生产商的信息价值要高于平台的信息价值，这是因为生产商有成本信息。对于平台来说，随着信息不对称性的增强，信息的价值在逐渐降低，而网络外部性的增强，加重了信息价值的下降力度；对于生产商来说，不会受到信息不对称性和网络外部性的影响。

从图 5.7 可以看出，当成本系数较低时，生产商的信息价值随着 k_L 的增加而减少，而平台的信息价值随着 k_L 的增加而增加，这说明信息的不对称性对生产商是不利的，而对平台是有利的。网络外部性与生产商的信息价值正相关，与平台的信息价值负相关，这说明网络外部性增强了生产商信息价值的增加，加重了平台信息价值的减少。同时，可以看出，随着网络外部性的增强，信息价值之间的差距也越来越大，这说明随着网络外部性的增强，网络外部性对于信息价值的影响在逐渐变大。

5.6　本章小结

本章研究了自营模式下平台与生产商的合同设计问题，分析了由一个鲜活产品生产商和一个在线销售平台（比如京东生鲜、顺丰优选等）构成的在线销售系统，其中，平台低价采购生产商的产品，然后通过自有平台高价销售给在线消费者。由于生活水平的提高，在线消费者对于无公害的绿色鲜活产品的偏好增加，因此，生产商可以通过提升产品的绿色水平来增加在线消费者的需求，而产品绿色生产成本信息为生产商的私有信息，对于平台来说，两者之间存在着信息的不对称性。基于此，本章考虑了生产商绿色生产成本信息不对称时，平台通过设计合同来激励生产商进行绿色生产，并揭示其真实的成本信息，分析了信息对称与不对称两种情况，并通过最优合同以及利润的比较得出信息的价值。最后，本章给出了一些数值算例，得出一些有意义的管理启示。

研究发现，网络外部性的增强有助于生产商对产品绿色水平的提升，而产品绿色水平的提升能够有效地降低产品死亡率。其次，网络的外部性的增强能够减少信息的不对称性对生产商的不利影响。当绿色生产成本系数较低时，网络外部性的增强能够有效地遏制信息不对称性对平台的不利影响；当绿色生产成本系数较高时，网络外部性的增加加速了信息不对称性对平台的不利影响，同时也增加了对在线销售系统的不利影响。

研究进一步表明：（1）平台能够通过制定不同的单位支付和固定支付来设计合同激励生产商参与合作的积极性。当绿色生产成本系数较高时，生产商提高产品绿色水平的动机减少，平台通过调整单位支付和固定支付并举的措施来调动生产商的积极性。当绿色生产成本系数较低时，平台仅需调整固定支付就能促使生产商参与合作，同时激励生产商提高产品的绿色水平。（2）信息的不对称性对在线销售系统成员的决策有很大的影响。当绿色生产成本系数较低时，不对称信息对平台的单位支付不会产生影响；当绿色生产成本系数较高时，信息不对称下平台的单位支付会减少。无论绿色生产成本系数较低或较高，不对称信息对平台收取的入驻费用有消极的影响，同时会抑制生产商对产品绿色水平的提升。（3）信息不对称性对在线销售系统成员的期望利润有重要的影响。生产商有信息，其可能从不对称信息中获利；平台处于信息劣势时，其期望利润减少。（4）信息不对称性对信息价值也有重要的影响。在 $k_H < 2k_L$ 的前提下，绿色生产成本系数较低时，不对称信息会加速生产商边际

利润的减少，而对平台则相反；当绿色生产成本系数较高时，不对称信息会加速平台期望利润的减少，同时造成在线销售系统期望利润的减少。

  本章主要研究了一个包含平台和生产商的在线销售系统，考虑了生产商绿色生产成本信息不对称时，平台如何通过设计合同激励生产商绿色生产并揭示其真实成本信息的问题。然而，在实际生活中，生产商也可以选择通过入驻平台，自己销售产品。因此，下一章将考虑代理模式下平台与生产商的合同设计问题。

第 6 章

代理模式下平台与生产商的
合同设计研究

6.1 引　言

上一章研究了自营模式下平台与生产商的合同设计问题，考虑了生产商绿色生产成本高、低两种类型下平台的合同。在此基础上，本章进一步研究代理模式下平台的合同设计问题，分析当生产商绿色生产成本信息在一个区间内变动时，平台通过设计带有交易终止条件的合同来激励生产商进行绿色生产的问题，并揭示其真实的成本信息。

考虑成本信息在一个区间内变动的研究比较少。姚等（2008）研究了一个存在零售商竞争的供应链，当零售商提供增值服务且服务成本信息为其私有信息时，通过三种垂直分享模型研究了零售商的信息分享策略。穆霍帕迪亚等（2008）研究了一个混合渠道（双渠道）供应链，当零售商向消费者提供增值服务且其增值服务成本信息相对于制造商来说是不对称信息时，制造商的合同（合同形式包括直销价格、批发价以及转移支付三部分）设计问题，分析了渠道整合情况、信息对称和信息不对称三种情况，并将渠道整合情况的均衡结果与信息不对称的情况进行了比较。穆霍帕迪亚等（2009）研究了由一个制造商和一个销售代理组成的供应链，当销售代理提供营销努力且其努力成本信息不对称时，制造商存在交易终止情况下的最优合同设计问题，针对一个两部收费合同和一个零售商价格保持合同，分析了两种合同下的均衡结果，并对两种合同进行了比较。谢等（2014）在穆霍帕迪亚等（2009）的基础上，研究了一个制造商提高产品质量和零售商提供增值服务的供应链中零售商增值服务成本信息不对称时制造商的最优合同设计问题，分析了三种合同：批发价合同、特许经营费合同、零售商价格保持合同，并对三种合同进行了比较。张等（2014）研究了闭环供应链中信息不对称下的合同设计问题，通过比较两部收费合同和控制回收率合同，分析了信息对供应链成员均衡结果的影响。

由于在线销售的快速发展，近些年一些学者开始从事于平台代理模式的研究。阿布舍科等（2016）研究了电子零售的渠道结构问题，通过比较，分析了什么时候电子零售商应该使用代理模式而不是更传统的转售模式。田等（2018）研究了新型电子商务模式的战略，从电子零售商的角度对目前存在的自营模式、代理模式和混合模式三种在线销售模式进行对比分析。卢等（2018）研究了一个由作者、出版商、实体书店和电子书店组成的供应链，通过比较分析了电子书销售的两种模式：批发模式和代理模式。严等（2018）研究了在存在线上到线下溢出效应的情况下平台的渠道引入问题，分析了溢出效应对制造商引入代理渠道以及电子零售商开通代理渠道的影响，同时，分析了平台入驻费用对电子零售商开通代理渠道的影响。孙自来等（2018）研究了基于直销成本和平台交易费的三种制造商在线销售模式（制造商自建平台销售、制造商通过平台代理和制造商通过平台直销），通过比较每两周销售模式的收益，分析了制造商销售模式选择的决策依据。桂云苗等（2018）研究了双边努力情况下电子商务平台质量保证策略，分析了平台型、自营型和综合型三种不同类型电子商务运营模式下商品质量保证策略选择的博弈模型。

基于以上研究，本章以拼多多、阿里巴巴等平台与鲜活产品生产商合作为对象，结合在线销售中平台代理的情况，研究了代理模式下平台与生产商的合同设计问题。分析了当生产商绿色生产成本信息不对称时，平台通过设计两部收费策略来激励生产商提高产品绿色水平，实现自身利润最大化，并对生产商的成本信息进行甄别。同时，还考虑了平台的交易终止策略，即平台在何种情况下对生产商提供激励策略。通过对平台两部收费策略的考察，分析了合同的性质、不对称的绿色生产成本信息对在线销售系统及其成员的影响，同时，还分析了在线消费者绿色敏感性、产品死亡率对在线销售系统及其成员的影响。

6.2 模型描述与相关假设

考虑一个鲜活产品生产商（用下标 M 表示，以下简称生产商）和一个在线销售平台（用下标 P 表示，以下简称平台）组成的在线销售系统。其中，生产商入驻平台（比如拼多多、阿里巴巴等），在线销售产品，平台将生产商的产品发布在自己的平台上销售，在线消费者在平台上下单，平台将接收到的在线消费者的需求信息及收货信息共享给生产商，生产商根据平台提供的在线消费者信息将需求发送给在线消费者，在线消费者收到产品并确认收货，则交易完成。假如在线消费者收到死亡的产品，会拍照上传到平台，生产商会根据平台提供的在线消费者信息进行退款。

6.2.1 需求函数

由于生活水平日益提高，越来越多的消费者开始关注天然、绿色、无公害的产品。参考戈什等（2015）、朱等（2017）和徐等（2017）的文献，假设消费者对产品的绿色程度是敏感的，产品的绿色水平越高，表明该产品的绿色、无公害性能越好，进而消费者的需求也就越高。生产商通过提供原生态的种苗、改善养殖环境（比如干净的水源、纯天然、绿色有机的饲料或肥料）、科学的养殖方法等提升产品的绿色水平。假设消费者对产品符合其需求时的支付意愿为 v，为了分析的简单，参考蒋等（Chiang et al.，2003）的文献，假设 v 服从区间 [0，d] 上的均匀分布，于是有消费者的效用为：

$$u = v - p + bx \tag{6.1}$$

其中，$p = w + m$，为商品的零售价格；m 为生产商在线销售产品的过程中获得的边际收益；w 为生产商在平台上每销售一单位产品时平台所收取的单位费用；$x > 0$，表示产品的绿色水平；$b > 0$，表示消费者对产品绿色水平的敏感度。当消费者购买产品所获得的效用满足 u≥0 时，消费者会选择购买；否则，消费者不会购买产品。考虑到消费者剩余非负，当 $v \geq v_1$ 时，在线消费者的需求为：

$$q = d - (w + m) + bx \tag{6.2}$$

其中，$v_1 = (w + m) - bx$。

6.2.2　成本信息

生产商提高产品的绿色水平时会产生一些成本，参考朱和何（2016）、戴等（2017）和徐等（2017）的文献，假设生产商提高产品绿色水平所产生的成本为 $c(x) = kx^2$，其中，$k > 0$，为生产商的绿色生产成本因子，表示生产商绿色生产的效率，k 越小说明生产商的绿色生产效率越高，反之亦然（往往在初开始阶段效率会比较低，成本系数较大，随着生产商在养殖过程中不断积累经验，效率会逐渐提高，成本系数也随之变小）。$\partial C(x) / \partial x > 0$、$\partial^2 C(x) / \partial x^2 > 0$ 表明随着产品绿色水平的提升，生产商的成本会逐渐增加，而且产品绿色水平的提升是有上限的。参考穆霍帕迪亚等（2008，2009）的文献，本章假设 k 为生产商的私有信息，平台不知道 k 的真实值，但是平台知道生产商绿色生产效率 k 的先验分布函数 F(k) 和连续概率密度函数 f(k)，其中，$k \in [k_1, k_2]$，且 $0 \leq k_1 \leq k_2 \leq \infty$。为了揭示生产商真实的成本信息，平台通过设计合同来激励生产商进行绿色生产，同时实现自身利润的最大化。

考虑到在线销售的产品在运输过程中会出现死亡，假设产品在运输过程中出现死亡的概率为 β（本章假设 $0 \leq \beta < 1/2$，倘若运输过程中死亡率过高，生产商就会出现亏损现象，在这种情况下，生产商宁愿不选择在线销售），对于死亡的产品商家会全额退款（如果退货的话，容易腐烂变质，不但会产生额外的物流成本，同时会产生一定的污染）。假设产品的生产成本为 c，类似于蔡等（2000）、蔡和阿格拉瓦尔（2004）、穆霍帕迪亚等（2008，2009）等的文献，为了保证最优解的存在性以及显示原理的有效性，假设：

$$4k - b^2(1 - \beta) > 0, 4k(kz'(k) - 2z) - b^2(kz'(k) - z)(1 - \beta) > 0 \tag{6.3}$$

参考谢等（2014）、康等（2013）以及等朱（2017）的文献，不失一般性，假设在线销售系统成员的运营成本为0。

6.2.3 利润函数

生产商在线销售时，平台会收取一个单位费用 w。一些大的平台，如天猫、亚马逊、拼多多等，在在线销售市场中占有很大的市场份额，它们在和生产商合作的过程中，往往处于主导地位，因此为了保证自身利润最大化，平台除了收取单位费用，还会向生产商收取一定的固定转移支付 L。当 L > 0 时，可以将其理解为平台收取的入驻费用或者生产商为激励平台努力销售而给予的补贴，这在与平台打交道时很常见；当 L < 0 时，表示平台为激励生产商提高产品绿色水平而给予的补贴，这在生产商的产品是强势品牌时很常见（Corbett et al.，1999；Mukhopadhyay et al.，2009）。基于上面的讨论，于是得出平台和生产商的利润函数分别为：

$$\pi_M = (1 - \beta)(p - w)q - cq - L - kx^2 \tag{6.4}$$

$$\pi_P = (1 - \beta)wq + L \tag{6.5}$$

在实际过程中，生产商和平台都有它们各自打算实现交易的最低保留利润，如果无法达到彼此的最低保留利润，则合作无法达成。参考穆霍帕迪亚等（2008，2009）的文献，假设生产商和平台的最低保留利润分别为 π_{M_0} 和 π_{P_0}。

6.2.4 博弈顺序

本章主要考虑平台通过设计合同来揭示生产商真实的成本信息，同时实现自身利润的最大化。由前面假设可知，生产商和平台的最低保留利润分别为 π_{M_0} 和 π_{P_0}，因此，平台和生产商签订合同的前提是它们可以获得不低于其各自最低保留利润的利润，否则在线销售系统就不会发生交易。这种情况简称为交易终止策略，而平台停止提供合同的临界点可记为交易终止点。由于在线销售系统成员的利润是关于 k 的减函数（在后面会给出证明），因此，存在一个交

易终止点 l，且 $l \in [k_1, k_2]$，使得在此点平台的利润为 π_{P_0}。于是，当 $k \in [k_1, l]$ 时，平台有动机向生产商提供激励策略，同时获得更多的利润；当 $k \in [l, k_2]$ 时，平台不会向生产商提供激励策略。此时，在线销售系统不会发生交易，在线销售系统成员只会获得各自的最低保留利润。

在线销售系统的博弈顺序为：平台首先向生产商提出一个合同 $\{w(k), L(k)\}$，生产商根据自己真实的绿色生产成本信息 k 谎报一个成本信息 k_0，相应地选定合同 $\{w(k_0), L(k_0)\}$，并且根据合同 $\{w(k_0), L(k_0)\}$ 确定产品的绿色水平和边际收益。最后，在线消费者购买到满足自己需求的产品，生产商和平台获得各自相应的利润。

6.3 模型分析

本节主要考虑三种情况，即集中决策（简记为 T）、信息对称（简记为 S）与信息不对称（简记为 A）。在集中决策的情况下，在线销售系统成员实行系统整合，能够产生最优的系统期望利润和相应的决策。在信息对称的情况下，针对平台提供的合同 $\{w_S, L_S\}$，生产商通过确定产品销售的边际收益 m_S 以及绿色水平 x_S 来最优化其利润 π_{MS}。在信息不对称的情况下，根据生产商的绿色成本因子 k，平台提供相应的合同 $\{w_A(k), L_A(k)\}$，生产商根据自己真实的绿色生产成本信息 k 谎报一个成本信息 k_0，相应地选定合同 $\{w_A(k_0), L_A(k_0)\}$，并在合同 $\{w_A(k_0), L_A(k_0)\}$ 下确定产品销售的边际收益 m_A 以及绿色水平 x_A 来使其利润 π_{MA} 最优化。

6.3.1 集中决策

为了便于比较，将在线销售系统的集中决策作为一个基准模型。在集中决策中，两个参与者垂直整合，能够产生最优的系统期望利润和相应的决策。根据上一节给出的模型描述和假设，可以得到集中决策下的问题为：

$$P_1 \quad \max_{p_T,x_T} \pi_T = p_T(1-\beta)(d-p_T+bx_T) - c(d-p_T+bx_T) - kx_T^2 \qquad (6.6)$$

求解上面的优化问题 P_1，采用逆向求解法，于是有下面的命题 6.1。

命题6.1　在线销售系统整合渠道下的最优决策如下：

$$p_T^* = \frac{2k(d-d\beta+c)-b^2c(1-\beta)}{(1-\beta)(4k-b^2(1-\beta))}, \quad x_T^* = \frac{b(d(1-\beta)-c)}{4k-b^2(1-\beta)}$$

证明：将利润函数 π_T 分别对 p_T 和 x_T 求一阶偏导数，进而可得二阶偏导数，由假设条件 $4k-b^2>0$ 可知，集中决策下在线销售系统的利润函数 π_T 关于 p_T 和 x_T 是联合凹函数，因此，存在唯一的最优解。令 π_T 关于 p_T 和 x_T 的一阶偏导数为零，于是有一阶条件 $\partial \pi_T / \partial p_T = 0$，$\partial \pi_T / \partial x_T = 0$，联立方程求解方程组，即可得出在线销售系统整合渠道下的最优决策。证毕。

命题6.1 给出了在线销售系统整合情况下整个渠道的最优决策。为了保证最优解的有效性，假设 $d(1-\beta)-c>0$。将 p_T^* 和 x_T^* 分别代入利润函数 π_T 以及在线消费者需求 q_T 中，可以得出在线销售系统整合渠道下的最优利润和需求为：

$$\pi_T^* = \frac{k(d(1-\beta)-c)^2}{(1-\beta)(4k-b^2(1-\beta))}, q_T^* = \frac{2k(d(1-\beta)-c)}{(1-\beta)(4k-b^2(1-\beta))}$$

6.3.2　信息对称时的合同设计

在信息对称的情况下，平台知道生产商的绿色生产成本信息，并制定合同 $\{w_S, L_S\}$，生产商根据平台提供的合同确定产品销售的边际收益以及绿色水平，使其利润 π_{MS} 最优化。此时，平台通过运用合同 $\{w_S, L_S\}$ 来最大化整个在线销售系统的利润，同时，转移支付 L_S 保证了生产商获得不低于其最低保留利润 π_{M_0}，平台进而获得最多的利润。上面的问题可以转化为如下最优化问题：

$$P_2 \quad \max_{w_S,L_S} \pi_S = (1-\beta)(m_S^*+w_S)(d-(m_S^*+w_S)+bx_S^*)$$
$$-c(d-(m_S^*+w_S)+bx_S^*) - k(x_S^*)^2$$

$$\text{s. t. } (m_S^*, x_S^*) = \arg \max_{m,x} \pi_{MS} \tag{6.7}$$

$$\pi_{MS} = m_S(1 - \beta)(d - (w_S + m_S) + bx_S) - c(d - (w_S + m_S) + bx_S) - L_S - kx_S^2 \geqslant \pi_{M_0}$$

类似于穆霍帕迪亚等（2009）的文献，定义 $y \perp [u, v] := \max\{u, \min\{y, v\}\}$。求解上面的优化问题 P_2，于是有下面的命题 6.2。

命题 6.2 信息对称情况下：（1）平台的最优合同如下：

$$w_S^* = 0, \quad L_S^* = \frac{k(d(1 - \beta) - c)^2}{(1 - \beta)(4k - b^2(1 - \beta))^2} - \pi_{M_0}$$

交易终止点 $l_S^* = l_S \perp [k_1, k_2]$，其中，

$$l_S = \frac{b^2(1 - \beta)^2(\pi_{M_0} + \pi_{P_0})}{(1 - \beta)(4(\pi_{M_0} + \pi_{P_0}) + d^2(1 - \beta)) - 2cd(1 - \beta) + c^2}$$

（2）生产商的最优决策如下：

$$m_S^* = \frac{1}{2}\left(\frac{4dk - b^2c}{4k - b^2(1 - \beta)} + \frac{c}{(1 - \beta)}\right), \quad x_S^* = \frac{b(d(1 - \beta) - c)}{4k - b^2(1 - \beta)}$$

（3）在线销售系统成员以及系统的利润分别为：

$$\pi_{PS}^* = \frac{k(d(1 - \beta) - c)^2}{(1 - \beta)(4k - b^2(1 - \beta))} - \pi_{M_0}, \quad \pi_{MS}^* = \pi_{M_0}, \quad \pi_S^* = \pi_{MS}^* + \pi_{PS}^*$$

证明：问题 P_2 为约束优化问题，为了求解这个问题，可以构造拉格朗日函数将约束优化问题转化为无约束优化问题求解，具体分为如下两步。

（1）采用逆向求解法，先求出生产商的最优决策。对生产商的利润函数 π_{MS} 求 m_S 和 x_S 的一阶偏导数，进而可得二阶偏导数，由假设条件（6.3）可知，π_{MS} 关于 m_S 和 x_S 是联合凹函数，因此，存在唯一的最优解。令 π_{MS} 关于 m_S 和 x_S 的一阶偏导数为零，可得一阶条件 $\partial \pi_{MS} / \partial m_S = 0$、$\partial \pi_{MS} / \partial x_S = 0$，联立求解方程组即可得到生产商的最优反应函数：

$$m_S^*(w_S) = \frac{1}{2}\left(\frac{4k(d - w_S) - b^2c}{4k - b^2(1 - \beta)} + \frac{c}{(1 - \beta)}\right), \quad x_S^*(w_S) = \frac{b(d - w_S)(1 - \beta) - bc}{4k - b^2(1 - \beta)}$$

将 $m_S^*(w_S)$ 与 $x_S^*(w_S)$ 代入（6.2）中，进而得出最优的在线消费者的需求为：

$$q_S^*(w_S) = \frac{2k((d - w_S)(1 - \beta) - c)}{(1 - \beta)(4k - b^2(1 - \beta))}$$

（2）将生产商的最优反应函数以及在线消费者的最优需求代入在线销售系统利润函数 π_S 中，由假设条件（6.3）可知，$\partial^2\pi_S/\partial w_S^2 < 0$（因为 $4k - b^2(1-\beta) > 0$、$-2k(1-\beta) < 0$，于是有 $-2k(1-\beta)/(4k - b^2(1-\beta)) < 0$），因此，$\pi_S$ 是关于 w_S 的凹函数。构造拉格朗日函数 $v = \pi_S + \lambda(\pi_{MS} - \pi_{M_0})$。

于是，可以得到相应的 K - T 条件为：

$$\frac{\partial v}{\partial w_S} = \frac{\partial v}{\partial L_S} = 0, \frac{\partial v}{\partial \lambda} \geqslant 0, \lambda \geqslant 0 \text{ 且 } \lambda\frac{\partial v}{\partial \lambda} = 0$$

联立上面的方程求解，得到唯一的一组解 (w_S^*, L_S^*)。将 w_S^*，L_S^* 分别代入 $q_S^*(w_S)$、$m_S^*(w_S)$、$x_S^*(w_S)$、π_{MS}、π_{PS} 以及 π_S 中，于是就得到了最优的在线消费者需求，生产商的最优边际利润、绿色水平以及利润，平台以及在线销售系统的利润。

由于平台提供合同的前提是需要满足合同终止条件 $\pi_{M_0} + \pi_{P_0} \leqslant \pi_S^*$，即 $k \leqslant l_S$，k 是定义在区间 $[k_1, k_2]$ 上，因此，交易终止点 $l_S^* = l_S \perp [k_1, k_2]$。证毕。

由命题 6.2 可以看出，在信息对称情况下，为了获取最大的利润，平台不收取单位费用（$w_S^* = 0$），只收取入驻费用。同时，可以发现，平台和生产商的利润之和等于集中决策下在线销售系统的总利润（$\pi_T^* = \pi_S^* = \pi_{MS}^* + \pi_{PS}^*$），这说明两部收费策略实现了在线销售系统的协调。

6.3.3　信息不对称时的合同设计

在信息不对称的情况下，平台不知道生产商的绿色生产成本信息，针对不同成本类型 k 的生产商，平台提供相应的合同 $\{w_A(k), L_A(k)\}$，生产商根据真实的绿色生产成本信息 k 谎报给平台一个绿色生产成本信息 k_0，并选择了平台制定的合同 $\{w_A(k_0), L_A(k_0)\}$。随后，生产商在合同 $\{w_A(k_0), L_A(k_0)\}$ 下确定产品销售的边际收益 m_A 以及绿色水平 x_A，进而最优化其利润 π_{MA}。

运用逆向归纳法求解，当生产商谎报自己绿色生产的成本信息为 k_0 时，他的最优目标为：

$$\max_{m_A, x_A} \pi_{MA} = m_A(1-\beta)(d - w_A(k_0) - m_A + bx_A) -$$

$$c(d - w_A(k_0) - m_A + bx_A) - L_A(k_0) - kx_A^2$$

类似于命题 6.2 的证明，由假设条件（6.3）可知，π_{MA} 是关于 m_A 和 x_A 的联合凹函数。联立一阶条件 $\partial\pi_{MA}/\partial m_A = 0$、$\partial\pi_{MA}/\partial x_A = 0$，求解方程组即可得到生产商的最优反应函数为：

$$m_A^*(w_A(k_0)) = \frac{1}{2}\left(\frac{4k(d - w_A(k_0)) - b^2 c}{4k - b^2(1-\beta)} + \frac{c}{(1-\beta)}\right)$$

$$x_A^*(w_A(k_0)) = \frac{b(d - w_A(k_0))(1-\beta) - bc}{4k - b^2(1-\beta)}$$

参考弗得伯格和蒂罗尔（Fudenberg and Tirole，1991）的文献，依据显示原理，为了保证生产商如实报告其真实的绿色生产成本信息，平台在设计合同时，应使生产商的利润 $\pi_{MA}(k, k_0)$ 在 $k = k_0$ 处达到最大值，只有这样，追求利润最大化的生产商才会如实地向平台报告其真实的绿色生产成本信息 k。否则，无论如何，生产商也不会向平台报告其真实的绿色生产成本信息。因此，根据生产商的利润函数 π_{MA}，有下面的一阶条件和局部二阶条件：

$$\frac{\partial^2 \pi_{MA}(k, k_0)}{\partial k_0} = 0, \frac{\partial^2 \pi_{MA}(k, k_0)}{\partial k_0 \partial k} \geqslant 0$$

将 $m_A^*(w_A(k_0))$ 和 $x_A^*(w_A(k_0))$ 分别代入到 π_{MA} 中，可以得到生产商谎报成本信息为 k_0 时所获得的利润为：

$$\pi_{MA}(k, k_0) = \frac{k((d - w_A(k_0))(1-\beta) - c)^2}{(1-\beta)(4k - b^2(1-\beta))} - L_A(k_0)$$

通过对 $\pi_{MA}(k, k_0)$ 求关于 k_0 的一阶条件 $\partial\pi_{MA}(k, k_0)/\partial k_0 = 0$，然后令 $k = k_0$，可以得到生产商的激励相容约束 IC 为：

$$L_A'(k) = \frac{-2kw_A'(k)((d - w_A(k))(1-\beta) - c)}{4k - b^2(1-\beta)}$$

为了保证显示原理的有效性，需要 $\pi_{MA}(k, k_0)$ 的局部二阶条件具有非负性，于是有下面的条件：

$$\frac{\partial^2 \pi_{MA}(k,k_0)}{\partial k_0 \partial k} = \frac{2b^2 w_A'(k_0)((d-w_A(k_0))(1-\beta)-c)(1-\beta)}{(4k-b^2(1-\beta))^2} \geq 0$$

由于 $(d-w_A(k_0))(1-\beta)-c>0$（否则最优反应函数 $x_A^*(w_A(k_0))<0$，这与实际不符），所以，当 $\partial^2 \pi_{MA}(k,k_0)/(\partial k_0 \partial k) \geq 0$ 时，可以得到 $w_A'(k) \geq 0$，这说明平台在设计合同时必须保证自己的边际单位收费随着不对称信息 k 的增加而增加。

给定的激励相容约束 IC 是由生产商的利润函数所导出的，下一步，平台的目标是通过设计合同在保证生产商真实地报告其绿色生产成本信息的情况下，激励生产商进行绿色生产，实现自己利润的最大化，同时，需要保证个人理性约束成立，即生产商的利润不低于其保留利润。于是，可以将平台利润最大化问题可以转化为如下约束优化模型：

$$P_3 \quad \max_{w_A(k),L_A(k)} \int_{k_1}^{l_A} \pi_{PA}(k)f(k)dk + \int_{l_A}^{k_2} \pi_{P_0}f(k)dk \tag{6.8}$$

$$s.t.\ IC: L_A'(k) = \frac{-2kw_A'(k)((d-w_A(k))(1-\beta)-c)}{4k-b^2(1-\beta)} \tag{6.9}$$

$$IR: \pi_{MA}(k) = \frac{k((d-w_A(k))(1-\beta)-c)^2}{(1-\beta)(4k-b^2(1-\beta))} - L_A(k) \geq \pi_{M_0} \tag{6.10}$$

$$\pi_{PA}(k) = \frac{2kw_A(k)((d-w_A(k))(1-\beta)-c)}{4k-b^2(1-\beta)} + L_A(k) \tag{6.11}$$

对于约束优化问题 P_3，式（6.8）给出了平台的期望利润，由于平台不知道生产商的具体成本信息，只知道 k 的分布函数，因此，需要对其利润函数求期望值。第一部分给出了平台在交易终止区间 $[k_1, l_A]$ 范围内的期望利润，表示平台与生产商合作后获得的利润；第二部分表示交易终止后在区间 $[l_A, k_2]$ 内只能获得其保留利润 π_{P_0}。其中，l_A 表示可变终止点，在这一点，平台的利润等于其保留利润，即 $\pi_{PS}(l_A) = \pi_{P_0}$。式（6.9）为激励相容约束，说明生产商只有真实地报告其绿色生产成本信息，才能获得最多的利润。式（6.10）为生产商的个人理性约束，说明生产商只有获得不低于其保留利润时才会参与合作。式（6.11）为平台的期望利润函数。

令 $z(k) = F(k)/f(k)$，类似于穆霍帕迪亚等（2009）、卡米恩和施瓦茨

（Kamien and Schwartz，2012）、张等（2014）的文献，假设 $z(k)$ 是关于 k 的增函数。同时，为了保证最优解的有效性，假设 $4k^2 + b^2(z(k) - k)(1 - \beta) > 0$。运用可变终止点和带残值的最优控制理论求解上面的最优化问题 P_3，于是可以得到下面的命题 6.3。

命题 6.3 在信息不对称情况下，（i）平台的最优合同如下：

$$w_A^* = \frac{b^2 z(k)(d(1 - \beta) - c)}{4k^2 + b^2(z(k) - k)(1 - \beta)}, \quad L_A^* = L_A(l_A^*) - \int_k^{l_A^*} L_A'(k)\, dk$$

其中，

$$L_A'(k) = -\frac{2k((d - w_A(k))(1 - \beta) - c)}{4k^2 - b^2(1 - \beta)} \frac{\partial w_A^*}{\partial k},$$

$$L_A(l_A^*) = \pi_{P0} - \frac{l_A^{*2} b^2 z(l_A^*)(d(1 - \beta) - c)^2}{(4l_A^{*2} + b^2(z(l_A^*) - l_A^*)(1 - \beta))^2}$$

交易终止点 $l_A^* = l_A \perp [k_1, k_2]$，其中，$l_A$ 是如下方程的解：

$$\pi_{P0} + \pi_{M0} = \frac{l_A^2(d(1 - \beta) - c)^2}{(4l_A^2 - l_A b^2(1 - \beta) + b^2 z(l_A)(1 - \beta))(1 - \beta)}$$

（ii）生产商的最优决策如下：

$$m_A^* = \frac{2k^2(d(1 - \beta) + c) + b^2 c(z(k) - k)(1 - \beta)}{(1 - \beta)(4k^2 + b^2(z(k) - k)(1 - \beta))}$$

$$x_A^* = \frac{bk(d(1 - \beta) - c)}{4k^2 + b^2(z(k) - k)(1 - \beta)}$$

（iii）在线销售系统成员以及系统的利润分别为：

$$\pi_{PA}^* = \frac{2b^2 k^2 z(k)(d(1 - \beta) - c)^2}{(4k^2 + b^2(z(k) - k)(1 - \beta))^2} + L_A^*$$

$$\pi_{MA}^* = \frac{k^3(4k - b^2(1 - \beta))(d(1 - \beta) - c)^2}{(1 - \beta)(4k^2 + b^2(z(k) - k)(1 - \beta))^2} - L_A^*$$

$$\pi_A^* = \frac{k^2(4k^2 + b^2(1 - \beta)(2z(k) - k))(d(1 - \beta) - c)^2}{(1 - \beta)(4k^2 + b^2(z(k) - k)(1 - \beta))^2}$$

证明：为了求解问题 P_3，下面先将平台的最优化问题改写为下面的形式：

$$\max_{w(k), L(k)} \int_{k_1}^{l_A} y(k)\, dk + \Phi(l_A)$$

s. t. $\dot{L}_A(k) = y_1(k)$

$$\dot{w}_A(k) = y_2(k)$$

其中，

$$y(k) = \pi_{PA}(k)f(k) = \left(\frac{2kw_A(k)((d-w_A(k))(1-\beta)-c)}{4k-b^2(1-\beta)} + L_A(k)\right)f(k)$$

$$y_1(k) = \frac{-2k((d-w_A(k))(1-\beta)-c)}{4k-b^2(1-\beta)}u_1$$

$$y_2(k) = u_1 = \dot{w}_A(k)$$

$\Phi(l_A) = \pi_{m_0}(1-F(k))$，$\dot{w}_A$、$\dot{L}_A$ 分别表示偏导数。

此问题的协状态方程为：

$$\dot{\lambda}_1 = -\left(\frac{\partial y(k)}{\partial L_A(k)} + \lambda_1\frac{\partial y_1(k)}{\partial L_A(k)} + \lambda_2\frac{\partial y_2(k)}{\partial L_A(k)}\right) = -f(k)$$

进而可以得出

$$\lambda_1 = -F(k)$$

$$\dot{\lambda}_2 = -\left(\frac{\partial y(k)}{\partial w_A(k)} + \lambda_1\frac{\partial y_1(k)}{\partial w_A(k)} + \lambda_2\frac{\partial y_2(k)}{\partial w_A(k)}\right)$$

$$= \frac{2k(cf(k)-(1-\beta)(df(k)-2f(k)w_A(k)+u_1\lambda_1))}{4k-b^2(1-\beta)}$$

$$(6.12)$$

此问题的最优一阶条件如下：

$$\frac{\partial y(k)}{\partial u_1} + \lambda_1\frac{\partial y_1(k)}{\partial u_1} + \lambda_2\frac{\partial y_2(k)}{\partial u_1} = 0$$

化简可以得到：

$$\lambda_2 + \frac{2k(c-(d-w_A(k))(1-\beta))\lambda_1}{4k-b^2(1-\beta)} = 0$$

由于 $\lambda_1 = -F(k)$，将其代入式（6.12）并化简，于是得到：

$$\lambda_2 = \frac{-2k((d-w_A(k))(1-\beta)-c)F(k)}{4k-b^2(1-\beta)}$$

$$(6.13)$$

联立式（6.12）和式（6.13）可以得到平台最优的单位收费为：

$$w_A^* = \frac{b^2 z(k)(d(1-\beta)-c)}{4k^2 + b^2(z(k)-k)(1-\beta)}$$

由于生产商和平台的利润 $\pi_{MA}(k)$ 和 $\pi_{PA}(k)$ 关于 k 是单调减函数（在稍后的性质 6.1 中会给出证明），因此，当且仅当 $k = l_A$ 时，生产商的个人理性约束得到满足。同时，当 $k_1 \leqslant k \leqslant l_A$ 时，生产商的个人理性约束也会得到满足。令：

$$K(l_A) = \pi_M(l_A) - \pi_{M_0} = \frac{l_A((d-w_A(l_A))(1-\beta)-c)^2}{(1-\beta)(4l_A - b^2(1-\beta))} - L_A(l_A) - \pi_{M_0}$$

横截条件需要存在一个 t，使得：

$$\lambda_1(l_A) = \frac{\partial \Phi(l_A)}{\partial L_A(l_A)} + t\frac{\partial K(l_A)}{\partial L_A(l_A)} = -t \tag{6.14}$$

$$\lambda_2(l_A) = \frac{\partial \Phi(l_A)}{\partial w_A(l_A)} + t\frac{\partial K(l_A)}{\partial w_A(l_A)} = \frac{-2tl_A((d-w_A(l_A))(1-\beta)-c)}{4l_A - b^2(1-\beta)}$$

$$y(l_A) + \lambda_1(l_A)y_1(l_A) + \lambda_2(l_A)y_2(l_A) - \pi_{P_0}f(l_A) + t\frac{\partial K(l_A)}{\partial l_A} = 0 \tag{6.15}$$

其中，$t \geqslant 0$、$K(l_A) \geqslant 0$、$tK(l_A) = 0$。

由 $\lambda_1 = -F(k)$ 和式（6.14）可得 $t = F(l_A)$。注意：$\lambda_1(l_A)y_1(l_A) + \lambda_2(l_A)y_2(l_A) = 0$，将式（6.15）化简，于是有：

$$\left(\frac{2l_A w_A(l_A)((d-w_A(l_A))(1-\beta)-c)}{4l_A - b^2(1-\beta)} + L_A(l_A) - \pi_{P_0}\right)f(l_A)$$

$$-\frac{b^2 F(l_A)((d-w_A(l_A))(1-\beta)-c)^2}{(4l_A - b^2(1-\beta))^2} = 0 \tag{6.16}$$

将 w_A^* 代入式（6.16）中进一步化简，于是可以得到：

$$L_A(l_A^*) = \pi_{P_0} - \frac{l_A^{*2}b^2 z(l_A^*)(d(1-\beta)-c)^2}{(4l_A^{*2} + b^2(z(l_A^*)-l_A^*)(1-\beta))^2} \text{ 或 } f(l_A) = 0$$

由于前面假设 $z(k)$ 是关于 k 的增函数，因此，$f(l_A) = 0$ 可以推出 $k_1 = l_A$ 或者 $l_A = k_2$。所以，当 $k_1 \leqslant l_A \leqslant k_2$ 时，$t = F(l_A) > 0$。又因为 $tK(l_A) = 0$，因此 $K(l_A) = 0$。将 $L_A(l_A^*)$ 代入 $K(l_A) = 0$ 中，可以得到：

$$\pi_{P_0} + \pi_{M_0} = \frac{l_A^2 (d(1-\beta) - c)^2}{(4l_A^2 - l_A b^2(1-\beta) + b^2 z(l_A)(1-\beta))(1-\beta)}$$

因为 $k_1 \leqslant l_A \leqslant k_2$，因此交易终止点 $l_A^* = l_A \perp [k_1, k_2]$。

由假设条件（6.3）可知，$(4k - b^2(1-\beta))(z(k) - z'(k)) + 4kz(k) > 0$，于是有 $\dot{w}_A \geqslant 0$，这保证了显示原理的有效性。证毕。

命题6.3给出了信息不对称情况下平台的最优合同、生产商的最优决策以及在线销售系统及其成员的利润。从命题6.3可以看出，平台的两部收费策略 $\{w_A^*, L_A^*\}$ 能够有效地揭露生产商的真实绿色生产成本信息，从而使平台实现生产商对产品绿色投入的激励，同时，能够使整个在线销售系统的利润得到合理的分配。从命题6.3还可以看出，生产商绿色生产的效率 k 对平台和生产商的最优决策以及利润都有一定的影响。

6.4 敏感性分析

本节主要考虑一些主要参数对在线销售系统及其成员的影响，通过比较信息对称与信息不对称两种情况下在线销售系统及其成员的利润，找出不对称信息对在线销售系统成员的影响。

6.4.1 生产商绿色生产效率影响分析

下面将对生产商绿色生产的效率 k 进行分析，于是得到性质6.1。

性质6.1 对于任意的 k，当 $k \in [k_1, l_A^*]$ 时，有（i）随着 k 的增加，平台的单位收费 w 在增加，但是转移支付 L 却在减少；（ii）随着 k 的增加，生产商的边际收益 m、绿色水平 x 以及在线消费者需求 q 在不断减少；（iii）随着 k 的增加，在线销售系统及其成员的利润都在减少。

证明：（i）因为

$$\frac{\partial w_A^*}{\partial k} = \frac{b^2(d(1-\beta) - c)((4k - b^2(1-\beta))(z(k) - z'(k)) + 4kz(k))}{(4k^2 - b^2(k-z)(1-\beta))^2},$$

由假设条件（6.3）可知，$4k(kz'(k)-2z)-b^2(kz'(k)-z)(1-\beta)>0$，进而

有$\dot{w}_A \geq 0$。又因为$\dfrac{\partial L_A^*}{\partial k} = \dfrac{-2k((d-w_A(k))(1-\beta)-c)\dot{w}_A}{4k^2-b^2(1-\beta)}$，所以$\dot{L}_A \leq 0$。

（ii）因为$m_A^* = \dfrac{4k(d-w_A(k))-b^2c}{8k-2b^2(1-\beta)} + \dfrac{c}{2-2\beta}$，$x_A^* = \dfrac{4b((d-w_A(k))(1-\beta)-c)}{4k-b^2(1-\beta)}$，

$q_A^* = \dfrac{2k((d-w_A(k))(1-\beta)-c)}{(1-\beta)(4k-b^2(1-\beta))}$，分别对$m_A^*$、$x_A^*$和$q_A^*$关于$k$求一阶偏导

数，有：

$$\frac{\partial m_A^*}{\partial k} = \frac{-2b^2((d-w_A(k))(1-\beta)-c)\dot{w}_A}{(4k^2-b^2(1-\beta))^2} + \frac{-2k\dot{w}_A}{4k^2-b^2(1-\beta)} \leq 0$$

$$\frac{\partial x_A^*}{\partial k} = \frac{-4b((d-w_A(k))(1-\beta)-c)\dot{w}_A}{(4k^2-b^2(1-\beta))^2} + \frac{-b(1-\beta)\dot{w}_A}{4k^2-b^2(1-\beta)} \leq 0$$

$$\frac{\partial q_A^*}{\partial k} = \frac{-2b^2((d-w_A(k))(1-\beta)-c)\dot{w}_A}{(4k^2-b^2(1-\beta))^2} + \frac{-2k\dot{w}_A}{4k^2-b^2(1-\beta)} \leq 0$$

（iii）类似于（ii）的证明，将π_{PA}^*与π_{MA}^*化简为关于w_A^*和L_A^*的表达式，
于是可以得到：

$$\pi_{PA}^* = \frac{2kw_A^*((d-w_A^*)(1-\beta)-c)}{4k-b^2(1-\beta)} + L_A^*$$

$$\pi_{MA}^* = \frac{k((d-w_A^*)(1-\beta)-c)^2}{(1-\beta)(4k-b^2(1-\beta))} - L_A^*$$

分别对π_{PA}^*与π_{MA}^*关于k求一阶偏导数，于是有

$$\frac{\partial \pi_{PA}^*}{\partial k} = -\frac{2b^2w_A^*((d-w_A^*)(1-\beta)-c)(1-\beta)}{(4k^2-b^2(1-\beta))^2} + \frac{-2kw_A^*(1-\beta)\dot{w}_A}{4k^2-b^2(1-\beta)}$$

$$\frac{\partial \pi_{MA}^*}{\partial k} = \frac{-b^2((d-w_A^*)(1-\beta)-c)^2}{(4k^2-b^2(1-\beta))^2}$$

显然$\dfrac{\partial \pi_{MA}^*}{\partial k} \leq 0$。因为$-\dfrac{2b^2w_A^*((d-w_A^*)(1-\beta)-c)(1-\beta)}{(4k^2-b^2(1-\beta))^2} \leq 0$，又因为

$\dot{w}_A \geq 0$，所以$\dfrac{-2kw_A^*(1-\beta)\dot{w}_A}{4k^2-b^2(1-\beta)} \leq 0$，进而有$\dfrac{\partial \pi_{PA}^*}{\partial k} \leq 0$。证毕。

性质6.1表明随着生产商绿色生产效率的降低，平台为了保证自身利益，

同时也要使生产商报告真实的绿色生产成本信息,其在设计合同时会提高单位产品收费,减少固定支付收取。当生产商绿色生产效率很低时,即当 k 很大时,平台的固定支付收取可能会是负值,因为 L_A^* 是 k 的减函数,而且 $L_A(l_A^*)$ 也可能为负值,此时说明平台为了鼓励生产商提升产品的绿色水平、减少生产商的支出,进而对生产商进行一定的补贴。由于单位产品收费的提高导致了生产商的边际利润降低,同时,生产商提高产品绿色水平的动机也在减少,进而导致在线消费者需求降低,最终使得生产商、平台以及整个在线销售系统的利润降低。

6.4.2 不对称信息影响分析

为了找出信息不对称性对在线销售系统成员的影响,将信息对称和信息不对称两种情况下在线销售系统成员的最优决策、利润进行比较。为了方便起见,记 $m_{A-S}^* = m_A^* - m_S^*$、$w_{A-S}^* = w_A^* - w_S^*$、$x_{A-S}^* = x_A^* - x_S^*$、$q_{A-S}^* = q_A^* - q_S^*$、$\pi_{A-S}^*$ $= \pi_A^* - \pi_S^*$、$\pi_{M(A-S)}^* = \pi_{MA}^* - \pi_{MS}^*$、$\pi_{P(A-S)}^* = \pi_{PA}^* - \pi_{PS}^*$。通过对命题 6.2 和命题 6.3 的比较,可以得出下面的性质 6.2。

性质 6.2 不对称信息对在线销售系统成员的影响:(i)生产商的边际收益减少(即 $m_{A-S}^* \leq 0$),产品的绿色水平降低(即 $x_{A-S}^* \leq 0$),利润增加(即 $\pi_{M(A-S)}^* \geq 0$);平台的单位收费提高(即 $w_{A-S}^* \geq 0$),利润减少(即 $\pi_{P(A-S)}^* \leq 0$);在线消费者的需求减少(即 $q_{A-S}^* \leq 0$),整个在线销售系统的利润减少(即 $\pi_{A-S}^* \leq 0$);平台与生产商之间的合作机会在减少(即 $l_A^* \leq l_S^*$)。(ii)当 $k = k_1$ 时,平台通过自身合同的设计,能够使整个在线销售系统得到协调,即 $\pi_A^* = \pi_S^* = \pi_T^*$。

证明:(i)因为 $m_{A-S}^* = \dfrac{-2kb^2 z(k)(d(1-\beta)-c)}{(4k-b^2(1-\beta))(4k^2+b^2(z(k)-k)(1-\beta))}$,由于 $d(1-\beta)-c > 0$、$4k^2+b^2(z(k)-k)(1-\beta) > 0$、$4k-b^2(1-\beta) > 0$,所以 $m_{A-S}^* \leq 0$。因为 $x_{A-S}^* = \dfrac{-b^3 z(k)(1-\beta)(d(1-\beta)-c)}{(4k-b^2(1-\beta))(4k^2+b^2(z(k)-k)(1-\beta))}$,所以

$x^*_{A-S} \leq 0$。在信息对称情况下，生产商的利润为其保留利润 π_{M_0}，但是在信息不对称情况下，生产商的利润随着 k 的增大而减少，且在 $k = l^*_A$ 处获得保留利润，因此，当 $k \in [k_1, l^*_A)$ 时，生产商的利润大于其保留利润 π_{M_0}，即 $\pi^*_{MA} \geq \pi_{M_0} = \pi^*_{MS}$，进而可以得到 $\pi^*_{M(A-S)} \geq 0$。因为 $w^*_{A-S} = \dfrac{b^2 z(k)(d(1-\beta)-c)}{4k^2 + b^2(z(k)-k)(1-\beta)}$，所以 $w^*_{A-S} \geq 0$。平台利润的变化情况可以由在线系统和生产商的利润变化推出，$\pi_{PA} = \pi^*_A - \pi^*_{MA} \leq \pi^*_S - \pi^*_{MA} \leq \pi^*_S - \pi_{M_0} = \pi^*_{PS}$，于是有 $\pi^*_{P(A-S)} \leq 0$。因为 q^*_{A-S}

$$= \frac{-2kb^2 z(k)(d(1-\beta)-c)}{(4k - b^2(1-\beta))(4k^2 + b^2(z(k)-k)(1-\beta))},$$ 所以 $q^*_{A-S} \leq 0$。因为 $\pi^*_{A-S} =$

$$\frac{-kb^4 z^2(k)(1-\beta)(d(1-\beta)-c)^2}{(4k - b^2(1-\beta))(4k^2 + b^2(z(k)-k)(1-\beta))^2},$$ 所以 $\pi^*_{A-S} \leq 0$。由于信息的不对称性会造成平台利润的减少，因此，平台制定激励策略的动机也在减少，于是就会导致在线销售系统成员之间合作的机会减少。

（ii）由于分布函数 $F(k_1) = 0$、$z(k) = F(k)/f(k)$，所以 $z(k_1) = 0$。于是当 $k = k_1$ 时，（i）中的部分不等号取等号，所以有 $\pi^*_A = \pi^*_S$。又因为信息对称情况下，两部收费策略实现了在线销售系统的协调，即 $\pi^*_T = \pi^*_S$，于是有 $\pi^*_T = \pi^*_S = \pi^*_A$，即信息不对称情况下整个在线销售系统得到协调。证毕。

性质 6.2（i）表明信息不对称性对在线销售系统成员以及整个系统都有很大的影响，主要表现为减少生产商的边际收益、降低产品的绿色水平、提高平台的单位收费、减少在线消费者的需求。生产商由于降低产品的绿色水平、减少成本的投入，同时，生产商有信息，可以从平台那里获得一定的信息租金，因此，利润会增加；而平台获得生产商的绿色生产成本信息要支付一定的信息租金，因此，其利润会减少。平台单位收费的提高造成了产品成本的增加，因此，生产商会提高产品的销售价格，在线消费者会由于价格的提高而降低对产品的需求，因此造成平台以及整个在线销售系统利润的减少。同时，由于平台利润的减少，在线销售系统成员合作的机会也在减少。这是因为平台不知道生产商的绿色生产成本信息，因此会设定一个较高的单位收费，于是造成生产商的成本增加，进而使生产商提高产品的销售价格，从而加重了在线销售系统的双重边际效应，导致两部收费策略在信息不对称情况下不能协调在线销售系统。此外，在信息不对称情况下，平台由于利润的减少，因此只会向较少的、绿色生产效率较高的生产商提供激励策略，这就使在线销售系统内合作的机会减少。这同时说明平台只向较少的、绿色生产效率较高的生产商提供的信息甄别策略是最优的。性质 6.2（ii）表明当 $k = k_1$ 时，平台通过自身的两部收费策略设计不仅能揭示生产商真实的绿色成本信息，而且能够实现在线销售系统的协调。

6.4.3　在线消费者绿色水平偏好影响分析

基于上面的性质 6.2，下面将考虑在线消费者对产品绿色水平的偏好 b 对性质 6.2 中的一些结果的影响，于是有下面的性质 6.3。

性质 6.3　在线消费者绿色水平偏好的影响如下：

$$\frac{\partial m_{A-S}^*}{\partial b} \leq 0, \frac{\partial q_{A-S}^*}{\partial b} \leq 0, \frac{\partial x_{A-S}^*}{\partial b} \leq 0, \frac{\partial \pi_{A-S}^*}{\partial b} \leq 0, \frac{\partial w_{A-S}^*}{\partial b} \geq 0。$$

证明：首先证明 $\frac{\partial w_{A-S}^*}{\partial b}$，因为 $\frac{\partial w_{A-S}^*}{\partial b} = \frac{8bk^2 z(k)(d(1-\beta)-c)}{(4k^2 - b^2(k-z(k))(1-\beta))^2} \geq 0$。

因为 $\frac{\partial m_{A-S}^*}{\partial b} = -\frac{4kz(k)(d(1-\beta)-c)(16bk^3 - b^5(k-z(k))(1-\beta)^2)}{(4k-b^2(1-\beta))^2(4k^2-b^2(k-z(k))(1-\beta))^2}$，

又因为 $4k - b^2(1-\beta) > 0$、$4k^2 - b^2(k-z(k))(1-\beta) > 0$，所以可以推出 $4k > b^2(1-\beta)$、$4k^2 > b^2(k-z(k))(1-\beta)$，由于 $4k$、$4k^2$、$b^2(1-\beta)$ 均大于零，于是将不等式两边同时相乘，得到 $16bk^3 > b^5(k-z(k))(1-\beta)^2$，即 $16bk^3 - b^5(k-z(k))(1-\beta)^2 > 0$，进而可以推出 $\frac{\partial m_{A-S}^*}{\partial b} \leq 0$。同理可以推出 $\frac{\partial x_{A-S}^*}{\partial b} \leq 0$，$\frac{\partial q_{A-S}^*}{\partial b} \leq 0$，$\frac{\partial \pi_{A-S}^*}{\partial b} \leq 0$。证毕。

性质 6.3 表明，当在线消费者对产品的绿色水平越来越敏感时，即 b 越来越大时，相较于信息对称的情况，在信息不对称情况下，平台的单位收费会增加得越来越快，而生产商的边际利润、产品的绿色水平、在线消费者的需求以及在线销售系统的利润会减少得越来越多。这说明信息不对称性对整个在线销售系统的影响会随着在线消费者对产品绿色水平敏感性的增加而被放大。

由于产品的死亡率 β 对性质 6.2 中的一些结果的影响比较复杂，因此，参考杨和肖（Yang and Xiao，2017）、迈达尼等（Madani，2017）的文献，通过数值算例进行研究。类似于科伯特和唐（2004）、穆霍帕迪亚等（2008）的文献，假设 k 服从均匀分布，且 $f(k) = 1/(k_2 - k_1)$、$F(k) = (k - k_1)/(k_2 - k_1)$。选取参数 $d = 10$、$b = 0.5$、$c = 3.6$、$β = 0.1$、$\pi_{M_0} = 2$、$\pi_{P_0} = 6.2$。为了保证假设条件（6.3）以及命题 6.3 中最优解非负性条件的成立，假设 $k_1 = 2$、$k_2 = 6$，于是有 $f(k) = 1/4$、$F(k) = (k - 2)/4$、$z(k) = k - 2$。考虑 β 的影响时，固定 $k = 2.8$，选取 $β \in [0, 0.2]$，于是可以得到图 6.1 ~ 图 6.5。

从图 6.1 ~ 图 6.5 中可以看出，随着 β 的逐渐增大，相比于信息对称的情况，在信息不对称情况下，平台的单位收费增加得会越来越慢，而生产商的边际利润、产品的绿色水平、在线消费者的需求以及在线销售系统的利润减少得越来越慢。这说明信息不对称性对整个在线销售系统的影响会随着产品死亡率的提升而减小。同时，从侧面也反映出产品的死亡率对整个在线销售系统的影响在逐渐变弱，因此，降低产品的死亡率对整个在线销售系统的影响会越来越强。因为提升产品的绿色水平能够降低产品的死亡率，因此提升产品的绿色水平对增加整个在线销售系统的利润有很重要的影响。

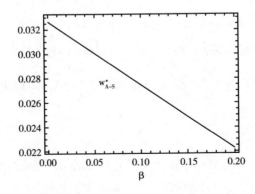

图 6.1 β 对 w_{A-S}^* 的影响

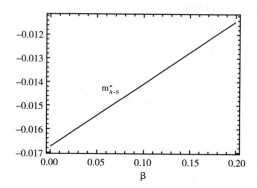

图 6.2 β 对 m_{A-S}^* 的影响

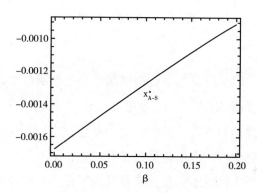

图 6.3 β 对 x_{A-S}^* 的影响

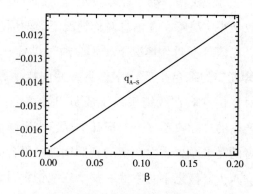

图 6.4 β 对 q_{A-S}^* 的影响

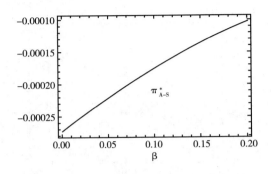

图 6.5　β 对 π^*_{A-S} 的影响

6.5　本章小结

　　本章以拼多多、阿里巴巴等平台与鲜活产品生产商合作为对象，研究了代理模式下平台与生产商的合同设计。分析了由一个在线销售平台和一个鲜活产品生产商构成的在线销售系统，其中，生产商通过增加投入进而提升产品的绿色水平，而产品绿色生产成本信息为其私有信息，平台通过设计一个两部收费策略来揭示生产商真实的成本信息，并激励生产商进行产品的绿色投入，同时使自己利润达到最大化。本章以集中决策为基准，同时考虑了信息对称以及信息不对称两种情况下的分散决策，通过比较发现信息的价值。

　　研究表明，相较于集中决策，在信息对称情况下，两部收费策略能实现在线销售系统的协调。在信息不对称情况下，平台通过设计一个两部收费策略，可以使生产商说出其真实的绿色生产成本信息，并间接地影响产品的绿色水平。研究发现，不对称信息对在线销售系统成员以及整个系统都有很大的影响，主要表现为生产商的边际收益减少、产品的绿色水平降低、平台的单位收费提高、在线消费者的需求减少、生产商的利润增加、平台的利润减少、整个在线销售系统的利润减少。信息不对称性对整个在线销售系统的影响会随着在线消费者对产品绿色水平敏感性的增加以及产品死亡率的降低而被放大。生产商的绿色生产效率对在线销售系统有重要的影响。当生产商绿色生产效率较低时，生产商的边际收益减少、产品的绿色水平降低、在线消费者需求会减少，平台的单位收费增加、转移支付减少，在线销售系统成员以及整个系统的利润都在减少。当生产商绿色生产效率低至一个阈值时，在线销售系统成员之间不会产生交易。不对称的绿色生产成本信息使生产商从平台那里获取一定的信息租金从而使自身利润增加，而平台和整个在线销售系统则会因此使自身利润减少。但是，当生产商绿色生产效率达到最高水平时，两部收费策略依然可以协调整个在线销售系统。

最后，由于在信息不对称情况下平台的利润会减少，因此，平台只会向较少的、绿色生产效率较高的生产商提供激励策略，这就使得在线销售系统内合作的机会减少。这同时说明平台只向较少的、绿色生产效率较高的生产商提供的信息甄别策略是最优的。

第 7 章

结论与展望

7.1 结　论

随着网络时代的发展，特别是手机移动网络的应用，易贝、阿里巴巴、京东等在线销售平台的人气迅速增长，网络交易额也在逐年递增，特别是"双十一"期间，在线交易呈现井喷式增长，因此，出现了配送难的问题，然而平台与物流公司之间的合作与信息共享能够最大程度上解决这个问题。在线销售的盛行，促进了物流企业的快速发展，大大缩短了配送时间，物流配送的便捷同时又促进了鲜活产品（如大闸蟹等）的在线销售。鲜活产品生产商通过养殖环境、技术以及过程中的改善与创新，实现绿色、生态养殖，进而实现养殖业的产业结构升级，实现可持续发展。然而，相较于平台（如京东生鲜、顺丰优选、拼多多等）而言，生产商的绿色生产成本信息是无法观测的，于是，两者之间存在信息不对称的现象。这些不对称的信息会影响平台合同的设计，进而影响在线销售系统的绩效以及生产商的绿色生产投入。因此，本书从实际背景出发，探讨了在线销售过程中平台与物流公司、平台与生产商之间的决策问题，研究了代理模式下平台与物流公司的决策、自营模式下平台与物流公司预测信息共享策略、成本信息不对称时代理与自营模式下平台与生产商的合同设计问题。本书的主要结论如下。

（1）以易贝与邮政、慧聪网与德邦、拼多多与天天等平台与物流公司合作为对象，研究了代理模式下平台与物流公司的决策问题，分析了一个由电商卖家、在线销售平台、物流公司组成的在线销售系统，分析了平台、物流合作下的三种不同博弈模型，得出了三种模型下的均衡结果，并进行了比较，同时分析了一些主要参数的影响。研究结果表明，在不同的博弈结构下，当平台和物流公司同时决策时，即使他们的服务投入成本不同，但最优收费相同。博弈结构对在线销售成员和消费者也有很大的影响。对电商卖家而言，当其主导能力较强时，会制定较低的零售价格，并获得最多的利润，同时能够提高消费者的积极性；当其主导能力较低时，电商卖家会制定较高的零售价格，并获得最少的利润。对平台和物流公司而言，当其主导能力较强时，会制定较高的收费，付出较少的努力，同时会打击消费者的积极性，然而，最大的主导能力并不能获得最高利润；但是，当主导能力较低时，它们一定获得最少的利润。一些主要参数的分析表明，当消费者对平台和物流公司服务敏感性较强时，平台和物流公司应增加服务投入；当消费者对平台和物流公司服务敏感性较弱时，平台和物流公司应减少服务投入。当物流服务效率较低时，物流公司会降低服务水平；当物流服务效率较高时，物流公司会提高服务水平。

（2）以当当与邮政、网易考拉与顺丰等平台与物流公司合作为对象，研究了自营模式下平台与物流公司预测信息共享策略问题，分析了由一个在线销售平台和一个物流公司组成的在线销售系统，两者都进行需求信息预测，讨论了两种情况：无信息共享和信息共享，通过两种情况的比较发现信息共享的价值，同时，设计了一个讨价还价机制促进成员之间的信息共享。最后，对一些主要参数的敏感性进行了分析。研究结果表明，物流公司服务效率对在线销售系统成员也会产生重要的影响：物流公司服务效率越高，在线销售系统成员的利润就越大；反之，物流公司服务效率越低，在线销售系统成员的利润就越少。物流公司的服务效率是有一定上限的，因此，物流公司不能盲目地增加投资。信息共享的价值表明，信息共享对物流公司有利。平台是否选择信息共享与物流公司的服务效率有关：当物流公司的服务效率较高时，平台会自愿参与信息共享；当物流公司的服务效率中等时，可以通过一个讨价还价机制促使平台进行信息共享；当物流公司的服务效率非常低时，在线销售系统成员之间不存在信息共享。信息共享并不总是对在线销售系统有利：只要物流公司的服务效率不太低，信息共享对在线销售系统就有利；反之，当物流公司的服务效率非常低时，信息共享对在线销售系统不利。消费者退货行为对在线销售系统成员有重要的影响：无论在线销售系统成员之间是否进行信息共享，随着消费者退货率的提高，它们的利润都在减少，同时，成员之间信息共享的意愿也在减弱。

（3）以京东生鲜、顺丰优选等平台与鲜活产品生产商合作为对象，研究了自营模式下平台与生产商的合同设计问题，分析了由一个鲜活产品生产商和一个在线销售平台（如京东生鲜、顺丰优选等）构成的在线销售系统，当生产商绿色生产成本信息不对称时，平台通过设计合同激励生产商进行绿色生产，同时对其成本信息进行甄别，分析了信息对称与不对称两种情况，通过最优合同以及利润的比较得出信息的价值。研究表明，平台能够通过制定不同的合同提高生产商参与合作的积极性。当绿色生产成本系数较高时，生产商提高产品绿色水平的动机减少，平台通过调整单位支付和固定支付并举的措施来调动生产商的积极性；当绿色生产成本系数较低时，平台仅需调整固定支付就能激励生产商参与合作。不对称信息对在线销售系统成员的决策有很大的影响。当绿色生产成本系数较低时，不对称信息对单位支付不会产生影响；当绿色生产成本系数较高时，信息不对称情况下的单位支付会减少。无论绿色生产成本系数较低或较高，不对称信息对平台收取的入驻费用有消极的影响，同时会抑制生产商对产品绿色水平的提升。不对称信息对在线销售系统成员的期望利润有重要的影响。生产商有信息，其可能从不对称信息中获利；平台处于信息劣势时，其期望利润减少。不对称信息对信息的价值也有重要的影响。高低绿色生产成本系数差在一定范围内时，绿色生产成本系数较低时，不对称信息对生产商是不利的，对平台是有利的；当绿色生产成本系数较高时，不对称信息会加剧平台期望利润的减少，同时造成在线销售系统期望利润的减少。此外，网络外部性的增强有助于生产商对产品绿色水平的提升，而产品绿色水平的提升能够有效地降低绿色产品的死亡率。其次，网络外部性的增强能够减少信息不对称性对生产商的不利影响。当绿色生产成本系数较低时，网络外部性的增加能够有效地遏制信息不对称性对平台的不利影响；当绿色生产成本系数较高时，网络外部性的增加加速了信息不对称性对平台的不利影响，同时也增加了对在线销售系统的不利影响。

（4）以拼多多、阿里巴巴等平台与鲜活产品生产商合作为对象，研究了代理模式下平台与生产商的合同设计问题，考虑了当生产商绿色生产成本信息在一个区间内变化时，平台通过设计带有交易终止条件的两部收费策略来揭示生产商真实的绿色生产成本信息，激励生产商对产品的绿色投入，同时使自己利润达到最大化，分析了集中决策、信息对称、信息不对称三种情况，通过比较发现信息的价值。研究表明，当信息对称时，两部收费策略能实现在线销售系统的协调；当信息不对称时，两部收费策略可以使生产商说出其真实的成本信息，并间接地影响产品的绿色水平。不对称信息对在线销售系统成员以及整个系统都有很大的影响，主要表现为生产商的边际收益减少、产品的绿色水平降低、平台的单位收费提高、消费者的需求减少、生产商的利润增加、平台的利润减少、整个在线销售系统的利润减少。不对称信息对整个在线销售系统的影响会随着在线消费者对产品绿色水平敏感性的提升以及产品死亡率的降低而放大。生产商的绿色生产效率对在线销售系统有重要的影响。当生产商绿色生产效率较低时，产品的绿色水平降低、生产商的边际收益以及在线消费者需求减少，平台的单位收费增加、转移支付减少，在线销售系统成员以及整个系统的利润减少。当生产商绿色生产效率低至一个阈值时，在线销售系统成员之间不会进行交易。当生产商绿色生产效率达到最高水平时，两部收费策略依然可以协调整个在线销售系统。不对称的绿色生产成本信息使得生产商从平台那里获取一定的信息租金，从而使自身利润增加，而平台和整个在线销售系统的利润则会减少。因此，当信息不对称时，在线销售系统内合作的机会会减少。

7.2 展　　望

本书可以在以下几个方面进行拓展。

（1）考虑在线销售系统成员的运营成本。本书在研究中假设在线销售系统成员的运营成本为零，而在现实生活中，运营成本会对在线销售系统成员产生重要的影响，甚至会影响到在线销售系统成员的决策。因此，为了能够更好地贴近现实，稍后的研究中将考虑在线销售系统成员运营成本支出的情况。

（2）在线销售系统中的协调问题。本书研究了代理模式下平台与物流公司的合同设计问题，考虑了平台与物流同时决策下的三种不同博弈模型。然而，一些传统供应链的研究中，供应链成员为了能够获得更多的利润，考虑了彼此之间的协调问题（Wang et al.，2011；Jiang et al.，2014）。因此，在后续的研究中可以考虑在线销售过程中系统成员之间的协调问题。

（3）平台、电商卖家促销问题的研究。由于平台经常会在一些特殊时期（如天猫"双十一"、春节等）搞促销活动，通过向消费者发放一些红包、优惠券来吸引在线消费者，一些电商卖家（生产商或零售商）也会采取一定的打折行为，增加商品的销售量。本书在研究中没有涉及平台和电商卖家的促销问题。因此，下一步的研究中可以考虑平台、电商卖家实施促销活动的情况。

（4）在线销售系统中存在竞争的研究。本书研究了非竞争情况下在线销售系统中平台的合同设计问题，而在实际生活中存在同一平台选择多个物流公司合作、同一平台中有多个同类产品的电商卖家、同一电商卖家入驻两个或两个以上平台、生产商入侵直销渠道等情况。因此，可以考虑不同竞争环境下在线销售系统的决策问题。

参 考 文 献

［1］艾兴政，唐小我，马永开. 传统渠道与电子渠道预测信息分享的绩效研究［J］. 管理科学学报，2008，11（1）：12－21.

［2］陈金亮，宋华，徐渝. 不对称信息下具有需求预测更新的供应链合同协调研究［J］. 中国管理科学，2010，18（1）：83－89.

［3］陈晓旭. 零售商主导下考虑物流外包的三级供应链决策研究［D］. 重庆：重庆大学，2015.

［4］陈忠，艾兴政. 双渠道信息共享与收益分享合同选择［J］. 系统工程理论与实践，2008，28（12）：42－51.

［5］但斌，唐国锋，宋寒. 成本信息不对称下的应用服务外包菜单式合约［J］. 中国管理科学，2012，20（5）：142－151.

［6］但斌，丁松，伏红勇. 信息不对称下销地批发市场的生鲜供应链协调［J］. 管理科学学报，2013，16（10）：40－50.

［7］但斌，周茂森，张旭梅. 存在竞争性制造商的集团采购供应链需求预测信息的共享与激励［J］. 中国管理科学，2016，24（3）：41－51.

［8］浦徐进，范旺达，吴亚. 渠道模式、努力投入与生鲜农产品供应链运作效率研究［J］. 中国管理科学，2015，23（12）：105－112.

［9］高鹏，聂佳佳，陆玉梅，等. 不同市场领导下竞争型再制造供应链质量决策研究［J］. 管理工程学报，2016，30（4）：187－195.

［10］高鹏，聂佳佳，谢忠秋. 考虑消费者绿色偏好的供应链信息分享策略研究［J］. 系统科学与数学，2013，33（12）：1435－1446.

[11] 公彦德，达庆利. 闭环供应链主导模式与物流模式的组合研究 [J]. 管理科学学报，2015，18 (10)：14 – 25.

[12] 桂云苗，龚本刚，程永宏. 双边努力情形下电子商务平台质量保证策略研究 [J]. 中国管理科学，2018，1 (26)：163 – 169.

[13] 黄河，申笑宇，徐鸿雁. 考虑供应商流程改进的采购合同设计 [J]. 管理科学学报，2015，18 (10)：38 – 55.

[14] 黄文妍，段文奇. 双边市场平台战略投资决策——技术创新导向型还是人工服务导向型 [J]. 中国管理科学，2015，23：686 – 689.

[15] 纪汉霖. 用户部分多归属条件下的双边市场定价策略 [J]. 系统工程理论与实践，2011，31 (1)：75 – 83.

[16] 纪汉霖. 双边市场定价策略研究 [D]. 上海：复旦大学，2006.

[17] 江世英，李随成. 考虑产品绿色度的绿色供应链博弈模型及收益共享契约 [J]. 中国管理科学，2015，23 (6)：169 – 176.

[18] 金亮，张旭梅，但斌，等. 交叉销售下"线下体验 + 线上零售"的O2O供应链佣金契约设计 [J]. 中国管理科学，2017，25 (11)：33 – 46.

[19] 金亮，张旭梅，李诗杨. 不对称信息下线下到线上O2O供应链佣金契约设计 [J]. 管理学报，2017，14 (6)：908 – 915.

[20] 李伟倩. 双边市场中的定价机制与平台竞争——以银行卡产业为例 [D]. 济南：山东大学，2006.

[21] 李晓静，艾兴政，唐小我. 电子商务环境下交叉竞争供应链的渠道策略研究 [J]. 管理学报，2017，14 (3)：459 – 465.

[22] 李新然，蔡海珠，牟宗玉. 政府奖惩下不同权力结构闭环供应链的决策研究 [J]. 科研管理，2014，35 (8)：134 – 144.

[23] 刘克宁，宋华明. 不对称信息下创新产品研发外包的甄别契约设计 [J]. 中国管理科学，2014，22 (10)：52 – 58.

[24] 刘浪，吴双胜，史文强. 信息不对称下价格随机的应急数量折扣契约研究 [J]. 中国管理科学，2018，26 (3)：169 – 176.

[25] 刘维奇，张苏. 基于双边市场理论的平台企业互联互通问题分析 [J].

系统工程，2016，34（6）：84-88.

[26] 刘维奇，张苏．双边平台兼并策略下的定价问题分析 [J]．中国管理科学，2017，25（5）：17-24.

[27] 罗春林，毛小兵，田歆．网络平台销售模式中的需求信息分享策略研究 [J]．中国管理科学，2017，25（8）：149-157.

[28] 慕艳芬，聂佳佳，石纯来．市场需求和成本信息不对称对制造商开通直销渠道的影响 [J]．管理评论，2017，30（9）：143-151.

[29] 聂佳佳．预测信息分享对制造商开通直销渠道的影响 [J]．管理工程学报，2012，26（2）：106-112.

[30] 聂佳佳．零售商信息分享对闭环供应链回收模式的影响 [J]．管理科学学报，2013，16（5）：69-82.

[31] 聂佳佳．需求信息预测对制造商回收再制造策略的价值 [J]．管理科学学报，2014，17（1）：35-47.

[32] 聂佳佳，熊中楷．信息分享模式对第三方负责回收闭环供应链的影响 [J]．管理工程学报，2011，25（2）：74-81.

[33] 彭鸿广，骆建文．不对称信息下供应链成本分担激励契约设计 [J]．系统管理学报，2015，24（2）：267-274.

[34] 士明军，王勇，但斌，等．绿色供应链中不对称需求预测下的信息共享研究 [J]．中国管理科学，2019，27（4）：104-114.

[35] 士明军，王勇，吉进迪，等．政府补贴下绿色供应链需求预测信息共享研究 [J]．管理工程学报，2020，34（4）：119-125.

[36] 士明军，王勇，文悦．不同市场能力下的"电商—平台—物流"在线销售系统的决策研究 [J]．管理工程学报，2020，34（3）：112-121.

[37] 孙自来，王旭坪，阮俊虎，等．考虑直销成本和平台交易费的制造商销售模式选择 [J]．管理学报，2018，15（1）：111-117.

[38] 滕文波，庄贵军．基于电子渠道需求预测的渠道模式选择 [J]．中国管理科学，2011，19（5）：71-78.

[39] 王国才，陶鹏德．零售商主导下的制造商竞争与营销渠道联合促销研

究 [J]. 管理学报, 2009, 6 (9): 1231.

[40] 王婧, 陈旭. 考虑流通损耗和期权合同的生鲜农产品供应链管理策略研究 [J]. 预测, 2011, 30 (5): 42–46.

[41] 王磊, 但斌. 考虑消费者效用的生鲜农产品供应链保鲜激励机制研究 [J]. 管理工程学报, 2015, 29 (1): 200–206.

[42] 王新辉, 程红, 鄢仁秀, 等. 双边信息不对称的供应链契约机制效率: 基于实验研究 [J]. 管理工程学报, 2016, 30 (4): 179–186.

[43] 王旭坪, 孙自来, 詹红鑫. 不同权力结构对跨境电商双渠道供应链的影响 [J]. 系统工程学报, 2017, 32 (3): 385–396.

[44] 王玉燕, 申亮. 基于消费者需求差异和渠道权力结构差异的 MT-CLSC 定价、效率与协调研究 [J]. 中国管理科学, 2014, 22 (6): 34–42.

[45] 王玉燕, 于兆青. 考虑网络平台服务、消费者需求差异的混合供应链决策 [J]. 系统工程理论与实践, 2018, 38 (6): 1465–1478.

[46] 王昭慧, 忻展红. 双边市场中的补贴问题研究 [J]. 管理评论, 2010, 22 (10): 44–49.

[47] 温小琴, 胡奇英. 基于上游成员的机会成本和消费者偏好的供应链产品策略 [J]. 中国管理科学, 2018, 26 (6): 62–71.

[48] 吴忠和, 陈宏, 梁翠莲. 时间约束下不对称信息鲜活农产品供应链应对突发事件协调模型 [J]. 中国管理科学, 2015, 23 (6): 126–134.

[49] 吴忠和, 陈宏, 赵千. 非对称信息下闭环供应链回购契约应对突发事件策略研究 [J]. 中国管理科学, 2013, 21 (6): 97–106.

[50] 夏宏伟. 生鲜农产品电子商务企业竞争战略研究 [D]. 武汉: 中国地质大学, 2018.

[51] 夏良杰, 白永万, 秦娟娟, 等. 碳交易规制下信息不对称供应链的减排和低碳推广博弈研究 [J]. 运筹与管理, 2018, 27 (6): 37–45.

[52] 肖群, 马士华. 促销努力成本信息不对称下供应链回购契约 [J]. 运筹与管理, 2015, 24 (3): 27–34.

[53] 谢印成, 高鹏, 聂佳佳. 考虑制造商竞争的绿色供应链信息分享策略

研究 [J]. 科技管理研究, 2015, (8): 174 – 179.

[54] 谢运博, 陈宏民. 多归属、互联网平台型企业合并与社会总福利 [J]. 管理评论, 2018, 30 (8): 115 – 125.

[55] 胥莉, 陈宏民, 潘小军. 具有双边市场特征的产业中厂商定价策略研究 [J]. 管理科学学报, 2009, 12 (5): 10 – 17.

[56] 颜波, 叶兵, 张永旺. 物联网环境下生鲜农产品三级供应链协调 [J]. 系统工程, 2014, 32 (1): 48 – 52.

[57] 姚锋敏, 陈兆波, 李永华, 等. 公平关切下零售商主导的供应链决策及协调模型 [J]. 运筹与管理, 2016, 25 (5): 115 – 122.

[58] 易余胤, 张永华, 姚俊江. 考虑网络外部性和渠道权力结构的供应链延保服务模式研究 [J]. 管理工程学报, 2018, 32 (3): 92 – 104.

[59] 余牛, 李建斌, 刘志学. 电子商务产品定价与返利策略优化及协调研究 [J]. 管理科学学报, 2016, 19 (11): 18 – 32.

[60] 喻珊, 李兆花. 制造商占主导的二级供应链利润分配博弈分析 [J]. 中国市场, 2012, 28: 81 – 83.

[61] 张千帆, 于晓娟, 张亚军. 网络平台企业合作的定价机制研究——基于多归属情形 [J]. 运筹与管理, 2016, 25 (1): 231 – 237.

[62] 张旭梅, 金亮. 线上零售商退款保证下供应链定价与合同设计 [J]. 预测, 2018, 37 (4): 74 – 80.

[63] 周茂森, 但斌, 于辉. 互补品制造供应链的集团采购与需求信息共享 [J]. 管理科学学报, 2017, 20 (8): 63 – 79.

[64] 周茂森, 但斌, 周宇. 规模经济的差异化竞争制造商集团采购的权力结构模型 [J]. 管理工程学报, 2017, 31 (3): 192 – 200.

[65] 周扬, 石肖然. 制造商主导的供应链合作及利润分配研究 [J]. 科技管理研究, 2012, 32 (5): 136 – 140.

[66] Abhishek V, Jerath K, Zhang Z J. Agency Selling or Reselling? Channel Structures in Electronic Retailing [J]. Management Science, 2016, 62 (8): 2259 – 2280.

［67］ Adewole A. Developing a Strategic Framework for Efficient and Effective Optimization of Information in the Supply Chains of the UK Clothing Manufacture Industry ［J］. Supply Chain Management: An International Journal, 2005, 10 (5): 357 – 366.

［68］ Alaei S, Alaei R, Salimi P. A Game Theoretical Study of Cooperative Advertising in a Single-manufacturer-two-retailers Supply Chain ［J］. International Journal of Advanced Manufacturing Technology, 2014, 74 (1 – 4): 101 – 111.

［69］ Anand K S, Goyal M. Strategic Information Management under Leakage in a Supply Chain ［J］. Management Science, 2009, 55 (3): 438 – 452.

［70］ Armstrong M. Competition in Two-Sided Markets ［M］. University College, London, 2004: 35 – 56.

［71］ Bian W, Shang J, Zhang J. Two-way Information Sharing under Supply Chain Competition ［J］. International Journal of Production Economics, 2016, 178: 82 – 94.

［72］ Cai X, Chen J, Xiao Y, et al. Optimization and Coordination of Fresh Product Supply Chains with Freshness-keeping Effort ［J］. Production and Operations Management, 2010, 19 (3): 261 – 278.

［73］ Cao E, Ma Y, Wan C, et al. Contracting with Asymmetric Cost Information in a Dual-channel Supply Chain ［J］. Operations Research Letters, 2013, 41 (4): 410 – 414.

［74］ Chen F. Information Sharing and Supply Chain Coordination ［J］. Handbooks in Operations Research and Management Science, 2003, 11: 341 – 421.

［75］ Chen F. Salesforce Incentives, Market Information, and Production/Inventory Planning ［J］. Management Science, 2005, 51 (1): 60 – 75.

［76］ Chen J, Chen B, Li W. Who should be Pricing Leader in the Presence of Customer Returns? ［J］. European Journal of Operational Research, 2018, 265 (2): 735 – 747.

［77］ Chen J, Fan M, Li M. Advertising Versus Brokerage Model for online

Trading Platforms [J]. MIS Quarterly, 2016, 40 (3): 575 –596.

[78] Chen L G, Ding D, Ou J. Power Structure and Profitability in Assembly Supply Chains [J]. Production and Operations Management, 2014, 23 (9): 1599 –1616.

[79] Chen X, Wang X. Free or Bundled: Channel Selection Decisions under Different Power Structures [J]. Omega, 2015, 53: 11 –20.

[80] Chiang W K, Chhajed D, Hess J D. Direct Marketing, Indirect Profits: A Strategic Analysis of Dual-channel Supply-chain Design [J]. Management Science, 2003, 49 (1): 1 –20.

[81] Choi S C. Price Competition in a Channel Structure with a Common Retailer [J]. Marketing Science, 1991, 10 (4): 271 –296.

[82] Corbett C J, Zhou D, Tang C S. Designing Supply Contracts: Contract Type and Information Asymmetry [J]. Management Science, 2004, 50 (4): 550 –559.

[83] Dai R, Zhang J, Tang W. Cartelization or Cost-sharing? Comparison of Cooperation Modes in a Green Supply Chain [J]. Journal of Cleaner Production, 2017, 156: 159 –173.

[84] Dou G, He P, Xu X. One-side Value-added Service Investment and Pricing Strategies for a Two-sided Platform [J]. International Journal of Production Research, 2016, 54 (13): 3808 –3821.

[85] El-Ansary A I, Stern L W. Power Measurement in the Distribution Channel [J]. Journal of Marketing Research, 1972, 9 (1): 47 –52.

[86] Ertek G, Griffin P M. Supplier and Buyer-driven Channels in a Two-stage Supply Chain [J]. IIE Transactions, 2002, 34 (8): 691 –700.

[87] Evans D S. Some Empirical Aspects of Multi-sided Platform Industries [J]. Review of Network Economics, 2003, 2 (3): 191 –209.

[88] Fudenberg D, Tirole J. Game Theory [D]. Cambridge: The MIT Press, 1991.

［89］Gao F, Su X. Online and Offline Information for Omnichannel Retailing ［J］. Manufacturing & Service Operations Management, 2017, 19 (1): 84 – 98.

［90］Gao J, Han H, Hou L, et al. Pricing and Effort Decisions in a Closed-loop Supply Chain under Different Channel Power Structures ［J］. Journal of Cleaner Production, 2016, 112: 2043 – 2057.

［91］Ghosh D, Shah J. A Comparative Analysis of Greening Policies across Supply Chain Structures ［J］. International Journal of Production Economics, 2012, 135 (2): 568 – 583.

［92］Ghosh D, Shah J. Supply Chain Analysis under Green Sensitive Consumer Demand and Cost Sharing Contract ［J］. International Journal of Production Economics, 2015, 164: 319 – 329.

［93］Gu Z J, Tayi G K. Consumer Mending and online Retailer Fit-uncertainty Mitigating Strategies ［J］. Quantitative Marketing and Economics, 2015, 13 (3): 251 – 282.

［94］Guler K, Korpeoglu E, Sen A. Newsvendor Competition under Asymmetric Cost Information ［J］. European Journal of Operational Research, 2018, 271 (2): 561 – 576.

［95］Ha A Y, Tong S, Zhang H. Sharing Demand Information in Competing Supply Chains with Production Diseconomies ［J］. Management Science, 2011, 57 (3): 566 – 581.

［96］Ha A Y. Supplier-buyer Contracting: Asymmetric Cost Information and Cutoff Level Policy for Buyer Participation ［J］. Naval Research Logistics, 2001, 48 (1): 41 – 64.

［97］Han S, Fu Y, Cao B, et al. Pricing and Bargaining Strategy of E-retail under Hybrid Operational Patterns ［J］. Annals of Operations Research, 2018, 270 (1 – 2): 179 – 200.

［98］Hu W, Li Y, Govindan K. The Impact of Consumer Returns Policies on Consignment Contracts with Inventory Control ［J］. European Journal of Operational

Research, 2014, 233 (2): 398 –407.

[99] Hu Y, Shin J, Tang Z. Incentive Problems in Performance-based online Advertising Pricing: Cost per Click vs. Cost per Action [J]. Management Science, 2015, 62 (7): 2022 –2038.

[100] Huang H, Shen X, Xu H. Procurement Contracts in the Presence of Endogenous Disruption Risk [J]. Decision Sciences, 2016, 47 (3): 437 –472.

[101] Huang S, Guan X, Chen Y J. Retailer Information Sharing with Supplier Encroachment [J]. Production and Operations Management, 2018, 27 (6): 1133 –1147.

[102] Huang Y S, Hung J S, Ho J W. A Study on Information Sharing for Supply Chains with Multiple Suppliers [J]. Computers & Industrial Engineering, 2017, 104: 114 –123.

[103] Hsieh C C, Wu C H. Coordinated Decisions for Substitutable Products in a Common Retailer Supply Chain [J]. European Journal of Operational Research, 2009, 196 (1): 273 –288.

[104] Jiang B, Tian L, Xu Y, et al. To Share or not to Share: Demand Forecast Sharing in a Distribution Channel [J]. Marketing Science, 2016, 35 (5): 800 –809.

[105] Kamien M I, Schwartz N L. Dynamic Optimization: The Calculus of Variations and Optimal Control in Economics and Management [M]. Courier Corporation, 2012.

[106] Kong G, Rajagopalan S, Zhang H. Revenue Sharing and Information Leakage in a Supply Chain [J]. Management Science, 2013, 59 (3): 556 –572.

[107] Kumar S, Sethi S P. Dynamic Pricing and Advertising for Web Content Providers [J]. European Journal of Operational Research, 2009, 197 (3): 924 –944.

[108] Kurata H, Yao D Q, Liu J J. Pricing Policies under Direct vs. Indirect Channel Competition and National vs. Store Brand Competition [J]. European Journal of Operational Research, 2007, 180 (1): 262 –281.

［109］Kurtulus M, Ulku S, Toktay B L. The Value of Collaborative Forecasting in Supply Chains ［J］. Manufacturing & Service Operations Management, 2012, 14（1）: 82 – 98.

［110］Kwark Y, Chen J, Raghunathan S. Platform or Wholesale? A Strategic Tool for Online Retailers to Benefit from Third-Party Information ［J］. MIS Quarterly, 2017, 41（3）: 763 – 786.

［111］Kwark Y, Chen J, Raghunathan S. Online Product Reviews: Implications for Retailers and Competing Manufacturers ［J］. Information Systems Research, 2014, 25（1）: 93 – 110.

［112］Lau A H L, Lau H S, Wang J C. Pricing and Volume Discounting for a Dominant Retailer with Uncertain Manufacturing Cost Information ［J］. European Journal of Operational Research, 2007, 183（2）: 848 – 870.

［113］Li B, Zhu M, Jiang Y, et al. Pricing Policies of a Competitive Dual-channel Green Supply Chain ［J］. Journal of Cleaner Production, 2016, 112: 2029 – 2042.

［114］Li L. Information Sharing in a Supply Chain with Horizontal Competition ［J］. Management Science, 2002, 48（9）: 1196 – 1212.

［115］Li R, Teng J T. Pricing and Lot-sizing Decisions for Perishable Goods when Demand Depends on Selling Price, Reference Price, Product Freshness, and Displayed Stocks ［J］. European Journal of Operational Research, 2018, 270（3）: 1099 – 1108.

［116］Li T, Zhang H. Information Sharing in a Supply Chain with a Make-to-stock Manufacturer ［J］. Omega, 2015, 50: 115 – 125.

［117］Li X, Li Y, Govindan K. An Incentive Model for Closed-loop Supply Chain under the EPR Law ［J］. Journal of the Operational Research Society, 2014, 65（1）: 88 – 96.

［118］Li X, Li Y. Optimal Service Contract under Cost Information Symmetry/asymmetry ［J］. Journal of the Operational Research Society, 2016, 67（2）: 269 –

279.

[119] Li Z, Gilbert S M, Lai G. Supplier Encroachment under Asymmetric Information [J]. Management Science, 2014, 60 (2): 449 – 462.

[120] Lin Tian, Asoo J. Vakharia, Yinliang (Ricky) Tan, et al., Marketplace, Reseller, or Hybrid: Strategic Analysis of an Emerging E-Commerce Model [J]. Production and Operations Management Society. 2018, 27 (8): 1595 – 1610.

[121] Liu B, Cai G, Tsay A A. Advertising in Asymmetric Competing Supply Chains [J]. Production and Operations Management, 2014, 23 (11): 1845 – 1858.

[122] Liu X, Cetinkaya S. Designing Supply Contracts in Supplier vs Buyer-driven Channels: The Impact of Leadership, Contract Flexibility and Information Asymmetry [J]. IIE Transactions, 2009, 41 (8): 687 – 701.

[123] Liu Z L, Anderson T D, Cruz J M. Consumer Environmental Awareness and Competition in Two-stage Supply Chains [J]. European Journal of Operational Research, 2012, 218 (3): 602 – 613.

[124] Liu Z, Li M, Kou J. Selling Information Products: Sale Channel Selection and Versioning Strategy with Network Externality [J]. International Journal of Production Economics, 2015, 166: 1 – 10.

[125] Lu Q, Shi V, Huang J. Who Benefit from Agency Model: A Strategic Analysis of Pricing Models in Distribution Channels of Physical Books and E-books [J]. European Journal of Operational Research, 2018, 264 (3): 1074 – 1091.

[126] Madani S R, Rasti-Barzoki M. Sustainable Supply Chain Management with Pricing, Greening and Governmental Tariffs Determining Strategies: A Game-theoretic Approach [J]. Computers & Industrial Engineering, 2017, 105: 287 – 298.

[127] Mantin B, Krishnan H, Dhar T. The Strategic Role of Third-party Marketplaces in Retailing [J]. Production and Operations Management, 2014, 23 (11): 1937 – 1949.

[128] McWilliams B. Money-back Guarantees: Helping the Low-quality Retailer [J]. Management Science, 2012, 58 (8): 1521 – 1524.

［129］Mishra B K, Raghunathan S, Yue X. Demand Forecast Sharing in Supply Chains ［J］. Production and Operations Management, 2009, 18 (2): 152 – 166.

［130］Mukhopadhyay S K, Su X, Ghose S. Motivating Retail Marketing Effort: Optimal Contract Design ［J］. Production and operations Management, 2009, 18 (2): 197 – 211.

［131］Mukhopadhyay S K, Zhu X, Yue X. Optimal Contract Design for Mixed Channels under Information Asymmetry ［J］. Production and Operations Management, 2008, 17 (6): 641 – 650.

［132］Nagarajan M, Bassok Y. A Bargaining Framework in Supply Chains: The Assembly Problem ［J］. Management Science, 2008, 54 (8): 1482 – 1496.

［133］OECD. Report of the OECD Workshop on Information and Consumer Decision Making for Sustainable Consumption. Working Party on National Environmental Policy, ENV/EPOC/WP-NEP (2001) 16/FINAL, 2002.

［134］Pan K, Lai K K, Leung S C H, et al. Revenue-sharing Versus Wholesale Price Mechanisms under Different Channel Power Structures ［J］. European Journal of Operational Research, 2010, 203 (2): 532 – 538.

［135］Rao S, Rabinovich E, Raju D. The Role of Physical Distribution Services as Determinants of Product Returns in Internet Retailing ［J］. Journal of Operations Management, 2014, 32 (6): 295 – 312.

［136］Raju J, Zhang Z J. Channel Coordination in the Presence of a Dominant Retailer ［J］. Marketing Science, 2005, 24 (2): 254 – 262.

［137］Rochet J C, Tirole J. Platform Competition in Two-sided Markets ［J］. Journal of the European Economic Association, 2003, 1 (4): 990 – 1029.

［138］Ryan J K, Sun D, Zhao X. Competition and Coordination in Online Marketplaces ［J］. Production and Operations Management, 2012, 21 (6): 997 – 1014.

［139］Schaer O, Kourentzes N, Fildes R. Demand Forecasting with User-generated Online Information ［J］. International Journal of Forecasting, 2019, 35 (1): 197 – 212.

[140] Sehgal, V. Forrester Research Online Retail Forecast 2013 to 2018. Forrester Research. 2014. Available athttp: //www. forrester. com/Forrester-Research-Online-Retail-Forecast-2013-To-2018-US/fulltext/-/ERES115941.

[141] Sen S, Guerin R, Hosanagar K. Functionality-rich Versus Minimalist Platforms: A two-sided Market Analysis [J]. Computer Communication Review, 2011, 41 (5): 36 – 43.

[142] Shang W, Ha A Y, Tong S. Information Sharing in a Supply Chain with a Common Retailer [J]. Management Science, 2016, 62 (1): 245 – 263.

[143] Su J, Wu J, Liu C. Research on Coordination of Fresh Produce Supply Chain in Big Market Sales Environment [J]. The Scientific World Journal, 2014, 2014: 1 – 12.

[144] Taleizadeh A A, Charmchi M. Optimal Advertising and Pricing Decisions for Complementary Products [J]. Journal of Industrial Engineering International, 2015, 11 (1): 111 – 117.

[145] Tian L, Vakharia A J, Tan Y, et al. Marketplace, Reseller, or Hybrid: Strategic Analysis of an Emerging E-Commerce Model [J]. Production and Operations Management, 2018, 27 (8): 1595 – 1610.

[146] Tsay A A, Agrawal N. Channel Dynamics under Price and Service Competition [J]. Manufacturing & Service Operations Management, 2000, 2 (4): 372 – 391.

[147] Tsay A A, Agrawal N. Channel Conflict and Coordination in the E-Commerce Age [J]. Production and Operations Management, 2004, 13 (1): 93 – 110.

[148] Tully S M, Winer R S. The Role of the Beneficiary in Willingness to Pay for Socially Responsible Products: A Meta-analysis [J]. Journal of Retailing, 2014, 90 (2): 255 – 274.

[149] Wang S D, Zhou Y W, Min J, et al. Coordination of Cooperative Advertising Models in a One-manufacturer Two-retailer Supply Chain System [J]. Computers & Industrial Engineering, 2011, 61 (4): 1053 – 1071.

[150] Wang C, Chen X. Option Pricing and Coordination in the Fresh Produce

Supply Chain with Portfolio Contracts [J]. Annals of Operations Research, 2017, 248 (1 - 2): 471 - 491.

[151] Wang L, Song H, Wang Y. Pricing and Service Decisions of Complementary Products in a Dual-channel Supply Chain [J]. Computers & Industrial Engineering, 2017, 105: 223 - 233.

[152] Wei J, Govindan K, Li Y, et al. Pricing and Collecting Decisions in a Closed-Loop Supply Chain with Symmetric and Asymmetric Information [J]. Computers & Operations Research, 2015, 54: 257 - 265.

[153] Wei J, Zhao J, Li Y. Pricing Decisions for Complementary Products with Firms' Different Market Powers [J]. European Journal of Operational Research, 2013, 224 (3): 507 - 519.

[154] Wei J, Zhao J, Li Y. Price and Warranty Period Decisions for Complementary Products with Horizontal Firms' Cooperation/noncooperation Strategies [J]. Journal of Cleaner Production, 2015, 105: 86 - 102.

[155] Winkler R L. Combining Probability Distributions from Dependent Information Sources [J]. Management Science, 1981, 27 (4): 479 - 488.

[156] Wu C H, Chen C W, Hsieh C C. Competitive Pricing Decisions in a Two-echelon Supply Chain with Horizontal and Vertical Competition [J]. International Journal of Production Economics, 2012, 135 (1): 265 - 274.

[157] Wu Q, Mu Y, Feng Y. Coordinating Contracts for Fresh Product Outsourcing Logistics Channels with Power Structures [J]. International Journal of Production Economics, 2015, 160: 94 - 105.

[158] Xiao Y, Chen J. Supply Chain Management of Fresh Products with Producer Transportation [J]. Decision Sciences, 2012, 43 (5): 785 - 815.

[159] Xie W, Jiang Z, Zhao Y, et al. Contract Design for Cooperative Product Service System with Information Asymmetry [J]. International Journal of Production Research, 2014, 52 (6): 1658 - 1680.

[160] Xu X, He P, Xu H, et al. Supply Chain Coordination with Green

Technology under Cap-and-trade Regulation [J]. International Journal of Production Economics, 2017, 183: 433 – 442.

[161] Xue W, Demirag O C, Niu B. Supply Chain Performance and Consumer Surplus under Alternative Structures of Channel Dominance [J]. European Journal of Operational Research, 2014, 239 (1): 130 – 145.

[162] Yan R, Cao Z, Pei Z. Manufacturer's Cooperative Advertising, Demand Uncertainty, and Information Sharing [J]. Journal of Business Research, 2016, 69 (2): 709 – 717.

[163] Yan R, Pei Z. Incentive Information Sharing in Various Market Structures [J]. Decision Support Systems, 2015, 76: 76 – 86.

[164] Yan Y, Zhao R, Liu Z. Strategic Introduction of the Marketplace Channel under Spillovers from Online to Offline Sales [J]. European Journal of Operational Research, 2018, 267 (1): 65 – 77.

[165] Yang D, Xiao T. Pricing and Green Level Decisions of a Green Supply Chain with Governmental Interventions under Fuzzy Uncertainties [J]. Journal of Cleaner Production, 2017, 149: 1174 – 1187.

[166] Yao D Q, Yue X, Liu J. Vertical Cost Information Sharing in a Supply Chain with Value-adding Retailers [J]. Omega, 2008, 36 (5): 838 – 851.

[167] Yi Y, Yang H. Wholesale Pricing and Evolutionary Stable Strategies of Retailers under Network Externality [J]. European Journal of Operational Research, 2017, 259 (1): 37 – 47.

[168] Yue X, Liu J. Demand Forecast Sharing in a Dual-channel Supply Chain [J]. European Journal of Operational Research, 2006, 174 (1): 646 – 667.

[169] Zha Y, Zhang J, Yue X, et al. Service Supply Chain Coordination with Platform Effort-induced Demand [J]. Annals of Operations Research, 2015, 235 (1): 785 – 806.

[170] Zhang P, Xiong Z. Information Sharing in a Closed-loop Supply Chain with Asymmetric Demand Forecasts [J]. Mathematical Problems in Engineering,

2017, 22: 1 – 12.

［171］Zhang P, Xiong Y, Xiong Z, et al. Designing Contracts for a Closed-loop Supply Chain under Information Asymmetry ［J］. Operations Research Letters, 2014, 42 (2): 150 – 155.

［172］Zhang T, Zhu X, Zhou C, et al. Pricing and Advertising the Relief Goods under Various Information Sharing Scenarios ［J］. International Transactions in Operational Research, 2017, 24 (4): 867 – 889.

［173］Zhao D, Chen H, Hong X, et al. Technology Licensing Contracts with Network Effects ［J］. International Journal of Production Economics, 2014, 158: 136 – 144.

［174］Zhao J, Tang W, Zhao R, et al. Pricing Decisions for Substitutable Products with a Common Retailer in Fuzzy Environments ［J］. European Journal of Operational Research, 2012, 216 (2): 409 – 419.

［175］Zhao J, Wei J, Sun X. Coordination of Fuzzy Closed-loop Supply Chain with Price Dependent Demand under Symmetric and Asymmetric Information Conditions ［J］. Annals of Operations Research, 2017, 257 (1 – 2): 469 – 489.

［176］Zhao J, Zhu H, Zheng S. What is the Value of an online Retailer Sharing Demand Forecast Information? ［J］. Soft Computing, 2018, 22 (16): 5419 – 5428.

［177］Zhou M, Dan B, Ma S, et al. Supply Chain Coordination with Information Sharing: The Informational Advantage of GPOs ［J］. European Journal of Operational Research, 2017, 256 (3): 785 – 802.

［178］Zhu W, He Y. Green Product Design in Supply Chains under Competition ［J］. European Journal of Operational Research, 2017, 258 (1): 165 – 180.